Impressum

Frank Donath
Tamaschek (Tuareg) – Wort für Wort
erschienen im
REISE KNOW-HOW Verlag Peter Rump GmbH
Osnabrücker Str. 79, D-33649 Bielefeld
info@reise-know-how.de

1. Auflage 2003

Bearbeitung & Layout Claudia Schmidt
Layout-Konzept Günter Pawlak, FaktorZwo! Bielefeld
Umschlag Peter Rump
Kartographie Iain Macneish
Fotos Frank Donath (Seite 1: Jürgen Meinecke)
Druck und Bindung Fuldaer Verlagsagentur, Fulda

ISBN 3-89416-345-3
Printed in Germany

Dieses Buch ist erhältlich in jeder Buchhandlung der BRD, Österreichs, der Schweiz und der Benelux. Bitte informieren Sie Ihren Buchhändler über folgende Bezugsadressen:
BRD Prolit GmbH, Postfach 9, 35461 Fernwald (Annerod) sowie alle Barsortimente
Schweiz AVA-buch 2000, Postfach 27, CH-8910 Affoltern
Österreich Mohr Morawa Buchvertrieb GmbH, Sulzengasse 2, A-1230 Wien
Belgien & Niederlande Willems Adventure, Postbus 403, NL-3140 AK Maassluis
direkt Wer im Buchhandel kein Glück hat, bekommt unsere Bücher zuzüglich Porto- und Verpackungskosten auch direkt beim **Rump Direktversand**, Heidekampstraße 18, D-49809 Lingen oder über unseren Internet-Shop: **www.reise-know-how.de**
Zu diesem Buch wird ein **AusspracheTrainer** erstellt (siehe Seite 159).

Der Verlag möchte die **Reihe Kauderwelsch** weiter ausbauen und **sucht Autoren!**

Mehr Informationen finden Sie auf unserer Internetseite **www.reise-know-how.de/buecher/special/schreiblust-inhalt.html**

Kauderwelsch

Frank Donath

Tamaschek (Tuareg)

Wort für Wort

اتوجه بالشكر الى عبدالله اولاد ميني الملياني والى محمد عزيزي

Dank allen, die mir bei diesem Buch
geholfen haben, ganz besonders
Abdallâh Ulâd Mînî al-Malyânî aus Djanet
und Muhammad Azîzî aus Tamanrasset.

REISE KNOW-HOW
im Internet
www.reise-know-how.de
info@reise-know-how.de

Aktuelle Reisetipps und Neuigkeiten, Ergänzungen nach Redaktionsschluss, Büchershop und Sonderangebote rund ums Reisen

Kauderwelsch-Sprechführer sind anders!

Warum? Weil sie Sie in die Lage versetzen, wirklich zu sprechen und die Leute zu verstehen.

Wie wird das gemacht? Abgesehen von dem, was jedes Sprachbuch bietet, nämlich Vokabeln, Beispielsätze etc., zeichnen sich die Bände der Kauderwelsch-Reihe durch folgende Besonderheiten aus:

Die **Grammatik** wird in einfacher Sprache so weit erklärt, dass es möglich wird, ohne viel Paukerei mit dem Sprechen zu beginnen, wenn auch nicht gerade druckreif.

Alle Beispielsätze werden doppelt ins Deutsche übertragen: zum einen **Wort-für-Wort**, zum anderen in „ordentliches" Hochdeutsch. So wird das fremde Sprachsystem sehr gut durchschaubar. Denn in einer fremden Sprache unterscheiden sich z. B. Satzbau und Ausdrucksweise recht stark vom Deutschen. Ohne diese Übersetzungsart ist es so gut wie unmöglich, schnell einzelne Wörter in einem Satz auszutauschen.

Die **Autorinnen** und **Autoren** der Reihe sind Globetrotter, die die Sprache im Land selbst gelernt haben. Sie wissen daher genau, wie und was die Leute auf der Straße sprechen. Deren Ausdrucksweise ist nämlich häufig viel einfacher und direkter als z. B. die Sprache der Literatur oder des Fernsehens.

Besonders wichtig sind im Reiseland **Körpersprache, Gesten, Zeichen** und **Verhaltensregeln**, ohne die auch Sprachkundige kaum mit Menschen in guten Kontakt kommen. In allen Bänden der Kauderwelsch-Reihe wird darum besonders auf diese Art der nonverbalen Kommunikation eingegangen.

Kauderwelsch-Sprechführer sind keine Lehrbücher, aber viel mehr als Sprachführer! Wenn Sie ein wenig Zeit investieren und einige Vokabeln lernen, werden Sie mit ihrer Hilfe in kürzester Zeit schon Informationen bekommen und Erfahrungen machen, die „taubstummen" Reisenden verborgen bleiben.

Inhalt

Grammatik

Konversation

Anhang

Vorwort

Wenn auch die Sahara in ihrer Rauheit und Unwirtlichkeit kein klassisches Reiseziel darstellt, gibt es doch eine stetig steigende Zahl von Wüstenliebhabern, die ihre Liebe zu dieser faszinierenden Urlandschaft entdeckt haben.

Das Volk der „blauen Männer" hat seinen Namen von den tiefblauen Indigoschleiern. Durch langes Tragen färben sie Hals und Kopfhaut in ein geheimnisvolles Blau. In der Zentralsahara und der sich daran anschließenden Sahelzone leben die Tuareg auf einem riesigen Gebiet verstreut. Stolz trotzen die Tuareg den rauen Wüstenstürmen, der Dürre und Entbehrung. Erhaben und würdevoll begegnen die Tuareg beim ersten Kontakt dem Fremden. Nach kurzer Zeit jedoch zeigen sich viele von ihnen in einer ausgelassenen Fröhlichkeit, die man so gar nicht erwartet hätte.

Nicht viele Tuareg verstehen Französisch oder gar Englisch, so dass ein paar Brocken Tuareg sehr oft der einzige Schlüssel zum Gespräch mit ihnen sind. Wer wirklich die Seele der Sahara kennen lernen will, wird dies leichter schaffen, wenn er gewisse Kenntnisse des Tuareg mitbringt. Dabei ist es gar nicht notwendig, perfekt Tuareg zu sprechen. Einige Worte und kurze Sätze sind oft ausreichend.

Hinweise zur Benutzung

Der Kauderwelsch-Band „Tuareg“ ist in die Abschnitte „Grammatik“, „Konversation“ und „Wörterliste“ gegliedert:

Die **Grammatik** beschränkt sich auf das Wesentliche und ist so einfach gehalten wie möglich. Deshalb sind auch nicht sämtliche Ausnahmen und Unregelmäßigkeiten der Sprache erklärt.

In der **Konversation** finden Sie Sätze aus dem Alltagsgespräch, die Ihnen einen ersten Eindruck davon vermitteln sollen, wie das Tuareg „funktioniert“, und die Sie auf das vorbereiten sollen, was Sie später in der Sahara hören werden.

Jede Sprache hat ein typisches Satzbaumuster. Um die sich vom Deutschen unterscheidende Wortfolge der Tuareg-Sätze zu verstehen, ist die **Wort-für-Wort-Übersetzung** in kursiver Schrift gedacht. Wird *ein* Tuareg-Wort im Deutschen durch *zwei* Wörter übersetzt, werden diese in der Wort-für-Wort-Übersetzung mit einem Bindestrich verbunden:

Jedem Tuareg-Wort entspricht ein Wort in der Wort-für-Wort-Übersetzung.

Nek edjmâyegh ...
Nekkunan edjmâyegh ... (H)
ich ich-suchte ...
Ich suche ...

Oft wird die Dialektvariante, die im Hoggar-Gebirge gesprochen wird, in „schmalerer“

Schrift angegeben und mit dem Kürzel „(H)“ gekennzeichnet, manchmal werden auch noch andere Dialektvarianten mit den entsprechenden Kürzeln (s. Liste der Abkürzungen in der Umschlagklappe) genannt. Diese Dialektvarianten werden auf dem Tonträger nicht gesprochen!

Mit Hilfe der Wort-für-Wort-Übersetzung können Sie bald eigene Sätze bilden. Sie können die Beispielsätze als Fundus von Satzschablonen und -mustern benutzen, die Sie Ihren eigenen Bedürfnissen anpassen. Um Ihnen das zu erleichtern, ist ein Teil der Beispielsätze nach allgemeinen Kriterien geordnet.

Die **Wörterlisten** am Ende des Buches enthalten einen Grundwortschatz von je ca. 1000 Wörtern „Deutsch – Tuareg“, mit denen man schon eine ganze Menge anfangen kann.

Die **Umschlagklappe** hilft, die wichtigsten Sätze und Formulierungen stets parat zu haben. Aufgeklappt ist der Umschlag eine wesentliche Erleichterung, da nun die gewünschte Satzkonstruktion mit dem entsprechenden Vokabular aus den einzelnen Kapiteln kombiniert werden kann. Wenn alles nicht mehr weiterhilft, dann ist vielleicht das Kapitel „Nichts verstanden ? – Weiterlernen!“ der richtige Tipp. Es befindet sich ebenfalls im Umschlag, stets bereit, mit der richtigen Formulierung für z. B. „Ich habe leider nicht verstanden“ oder „Wie bitte?“ auszuhelfen.

Seitenzahlen

Auf jeder Seite wird die Seitenzahl auch auf Tuareg in der vereinfachten Lautschrift angegeben!

Das Tuareg

Die Grundlage für den vorliegenden Sprechführer ist der Dialekt der Iforas-Tuareg, wie er hauptsächlich im nördlichen Mali, aber auch in den angrenzenden algerischen Regionen gesprochen wird. Zwar wird im Mali noch mindestens ein weiterer großer Tuaregdialekt gesprochen, jedoch möchten wir den Dialekt der Iforas-Tuareg weiterhin als Mali-Dialekt bezeichnen. Sprachlich recht weit davon entfernt ist der Dialekt der Hoggar-Tuareg, der hier in zweiter Linie berücksichtigt werden soll.

Die Tuaregsprache oder das Tamaschek ist die Muttersprache der Tuareg und die südlichste aller Berbersprachen. Die Heimat der Tuareg ist die Zentralsahara und die Sahelzone. Die verschiedenen Tuareggruppen leben auf einem Gebiet von mehr als einer Million Quadratkilometer verteilt und damit auf einer Fläche, die größer ist als Polen, Frankreich und die Bundesrepublik zusammen. Die Geschichte hat den Tuareg kein eigenes Land gegönnt, im Gegenteil, die Tuareg leben heute auf sechs afrikanische Staaten verteilt. Während die Tuareggruppe des Kel Ajjer im Grenzgebiet zwischen Libyen und Algerien lebt, finden sich die Tuareg der Iwellemeden diesseits und jenseits der Grenze von Niger und Mali wieder. Einige Tuareggruppen des Kel Gress leben in Nigeria, während ihr Hauptverbreitungsgebiet im Niger ist. Die Udalan-Tuareg wohnen sogar im Niger, in Mali und in Burkina Faso.

Das Tuareg ist in vier große Dialektgruppen unterteilt und wird von insgesamt mehr als einer Million Menschen verstanden. Die drei nördlichen Tuaregdialekte werden jeweils im Hoggar-Gebirge, im Air-Gebirge und im „Adrar des Iforas" gesprochen, also in den drei großen Gebirgsmassiven in der Zentralsahara und dem nördlichen Rand der Sahelzone. Der Tahaggart-Dialekt oder Hoggar-Dialekt ist die

Karte des Tuareg-Sprachgebietes

Sprache der Saharatuareg im Hoggar. Père de Foucauld, ein französischer Geistlicher, hat diese Tuareggruppe zu Beginn des 20. Jahrhunderts mit seinen Arbeiten über die Tuaregsprache berühmt gemacht.

Das Gebirge des „Adrar des Iforas“ im Norden Malis sowie das Air-Gebirge im Nordniger sind die Heimat jeweils einer großen Dialektgruppe. Dort leben die Iforas-Tuareg, die den Tadragh-Dialekt sprechen und die Gruppe des Kel Air mit dem Tayart-Dialekt. Beide Dialektgruppen sind zusammen einige hunderttausend Sprecher stark. Der südlichste Dialekt wird von den Iwellemeden gesprochen, die hauptsächlich in der Sahelzone vom Niger und Mali leben, wo auch über die Hälfte aller Tuaregs leben. All diese vier großen Tuaregdialekte können sich untereinander gut verstehen. Das Tuareg ist das ideale Verständigungsmittel der Nomaden in der westlichen Sahara.

Das Tuareg

Der Konflikt zwischen Arabern und Berbern schwelt auch heute noch unter der Oberfläche vieler nordafrikanischer Staaten. So wird das Tuareg in Algerien immer noch nicht als offizielle Sprache anerkannt.

Die Tuaregsprache ist von ihrem Verbreitungsgebiet her die größte aller Berbersprachen und zugleich die südlichste. Andere bedeutende Berbergruppen wohnen im Hohen Atlas Marokkos und in den algerischen Küstengebirgen. Sie zogen sich bereits vor vielen Jahrhunderten vor den Arabern zurück, welche die fruchtbaren Küstenstreifen besetzten.

Das Tuareg stellt unter den afrikanischen Sprachen eine Seltenheit dar. Es besitzt mit dem Tifinagh ein eigenes **Alphabet,** das auf das phönizische Alphabet zurückgeht. Es gibt sogar eine sprachliche Verwandschaft zwischen den Wörtern „phönizisch" und „tifinagh". Von späteren Vorläufern des Tifinagh zeugen Felsgravuren, die sich an vielen weit verstreuten Stellen in der Sahara finden. Die jüngeren dieser Inschriften sind sogar heute noch für die Tuareg verständlich. Überlieferinnen von Schriftkunst und Literatur sind die Frauen. Sie tragen das Tifinagh von Generation zu Generation.

Das Tifinagh-Alphabet des Tuareg besteht aus sehr geradlinigen und meist auch symmetrischen Schriftzeichen sowie aus Punkten. Es werden nur die Mitlaute (Konsonanten) geschrieben, ein Zeichen am Wortende zeigt die Anwesenheit eines Selbstlautes (Vokals) an. Die Schreibrichtung des Tifinagh ist sehr frei, es kann von links nach rechts und umgekehrt geschrieben werden. Auch von oben nach unten ist erlaubt. Meist schreibt man jedoch von rechts nach links.

Zwar gibt es im Tifinagh einige Buchstaben, die nur für den einen oder anderen Dialekt typisch sind, jedoch ist das Alphabet im Wesentlichen für das gesamte Tuareggebiet das gleiche und wird von allen verstanden.

Die Schreibrichtung erkennt man an Buchstaben, die nach einer Seite geöffnet sind (z. B. „t̲“ oder „m“).

Name	Hoggar	Adghar	Air	Iwellemeden	Arabisch	Laut
ieb	ⴱ	ⴱ	ⴱ	ⴱ	ب	**b**
ied	ⴷ	ⴷ	ⴹ	ⴹ	د	**d**
ied̲	ⴹ	ⴹ			ض	**d̲**
iedj	ⵊ	ⵋ			ج	**dj**
ief	ⴼ	ⵊ	ⴼ	ⴼ	ف	**f**
ieg	ⴳ	ⵊ	ⵊ	ⵊ	—	**g**
iegh	ⵗ	ⵗ	⁙	ⵗ	غ	**gh**
ieh	ⵂ	ⵂ	ⵂ	ⵂ	ه	**h**
iei	ⵢ	ⵢ	ⵢ	ⵢ	ى	**y**
iek	ⴾ	ⴾ	ⴾ	ⴾ	ك	**k**
iekh	ⵆ	ⵆ	ⵆ	⋯	خ	**kh**
iel	ⵍ	ⵍ	ⵍ	ⵍ	ل	**l**
iem	ⵎ	ⵎ	ⵎ	ⵎ	م	**m**
ien	ⵏ	ⵏ	ⵏ	ⵏ	ن	**n**
ieñ	‡	⁝			—	**ñ**
iew	ⵓ	ⵓ	ⵓ	ⵓ	و	**w**
ieq	⋯	⋯	⁝	ⵆ	ق	**q**
ier	ⵔ	ⵔ	ⵔ	ⵔ	ر	**r**
ies	ⵙ	ⵙ	ⵙ	ⵙ	س	**s**
iesh	ⵛ	ⵛ	ⵛ	ⵛ	ش	**sh**
iesh̲	ⵥ	ⵥ	#	#	—	**sh̲**
iet	ⵜ	ⵜ	ⵜ	ⵜ	ت	**t**
iet̲	ⵟ	ⵟ			ط	**t̲**
iez	ⵣ	ⵣ	ⵣ	ⵣ	ز	**z**
iez̲	#	#			ظ	**z̲**

Aussprache & Betonung

Die vereinfachte Lautschrift in lateinischen Buchstaben lässt sich ohne zusätzliche Kenntnisse ablesen. Lediglich einige wenige Sonderzeichen muss man sich einprägen.

Mitlaute (Konsonanten)

d̲	velarisiertes „d“, etwa wie im bayrischen „**d**oo“ für „dort“	**uksad̲!** (Achtung!)
dj	stimmhaftes „dsch“ in „**Dsch**ungel“	**tamedjdjîda** (Moschee)
gh	„r“ wie im hochdeutschen „G**r**und“ (nicht gerollt wie das bayrische „r“)	**ghaim!** (setz dich!)
h	„h“ wie „**H**alle“ (kein Dehnungs-h!)	**ahel** (Tag, H)
y	„j“ wie „**J**äger“	**yekhdem** (er arbeitete)
kh	raues „ch“ wie in „la**ch**en“	**alkhêr** (gut)
ñ	„ng“ wie in „Sta**ng**e“	**ziñh** (er kaufte)
w	englisches „w“ wie im Englischen „**w**hat“ (Halblaut zw. „u“ und „w“)	**meraw** (zehn)
q	tief im Rachen gesprochenes „k“, der nachfolgende Selbstlaut wird dadurch dunkel ausgesprochen	**meqqôren** (groß)
r	ein gerolltes Zungenspitzen-r wie im Spanischen „to**r**e**r**o“	**arhêgh** (ich möchte)
s	stimmloses „s“ wie in „Bu**s**“	**isalân** (Neuigkeiten)
sh	stimmloses „sch“ wie „**Sch**uh“	**yeksh** (er aß)
s̲h̲	stimmhaftes „sch“ Laut wie 2. „g“ in „Gara**g**e“	**tamâs̲h̲aq** (Tuaregsprache)
t̲	velarisiertes „**t**“	**tâmet̲** (Frau)
z	stimmhaftes „s“ wie in „**S**onne“	**zudjeh** (er besuchte)
z̲	velarisiertes „th“ (schwieriger Laut)	**âz̲ref** (Geld)

Selbstlaute (Vokale)

â	langes „a“ wie in „F**a**hne“	**ishkân** (Pflanzen)
a	kurzes „a“ wie in „F**a**ss“	**kala-kala** (nein)
ê	langes „e“ wie das erste „e“ in „g**e**hen“, dunkler als **é**	**êdeg** (er ging)
é	helles „e“ wie in „h**e**ll	**ténéré** (Wüste)
e	sehr kurzes und unbetontes dunkles „e“ wie in „Dos**e**“	**nek** (ich)
î	langes „i“ wie „ie“ in „s**ie**ben“	**éwîlen** (Sommer)
i	kurzes „i“ wie in „Kl**i**ngel“	**ifassen** (Hände)
o	kurzes „o“ wie in „t**o**ll“	**ahenko<u>d</u>** (Gazelle)
û	langes „û“ wie in „Sch**u**le“	**tûfat** (morgen, H)
u	kurzes „u“ wie in „M**u**tter“	**ul** (Herz)

Betonung

Die Tuaregwörter werden im Allgemeinen am Anfang betont. Kommen im Wort jedoch lange Selbstlaute vor, werden diese betont (z. B. **isân** „Fleisch“). Eine Ausnahme bilden die Fremdwörter arabischen Ursprungs (z. B. **elmatar** „Flughafen“), welche am Wortende betont werden. An einigen Stellen war es nötig, ein Akzentzeichen über dem betreffenden Buchstaben einzufügen (z. B. **alkhaýen** „Dörfer“, sprich al-khaý-en), um eine abweichende Betonung zu kennzeichnen. Dieser Betonungsakzent darf aber nicht mit dem zum Lautbuchstaben gehörenden Akzent des **é** verwechselt werden (z. B. **ténéré** „Wüste, Ebene“).

Lautwandel & Lautschwund

Eine bestimmte Anzahl von Mitlauten, und zwar **d, ḏ, k, n, t, r** und **gh,** sind – wenn sie am Wortende stehen – unter einigen Bedingungen einem Lautwandel unterworfen. Anfangs- und Endmitlaute passen sich aneinander an. In der Lautschrift wird dann immer der tatsächliche Lautwert wiedergegeben.

Kauderwelsch-AusspracheTrainer

Falls Sie sich die fremdsprachigen Sätze und Wörter, die in diesem Buch vorkommen, einmal von einem Tuareg gesprochen anhören möchten, empfehlen wir Ihnen den AusspracheTrainer „Tamascheg (Tuareg)" den der Verlag momentan vorbereitet. *Siehe hierzu Seite 159.*

en niglâ (< ed niglâ)
ZUK wir-gehen
wir werden gehen

Arhêq qay. (< Arhêgh kay.)
ich-liebte dich(m)
Ich liebe dich.

Der erste Selbstlaut in einem Hauptwort ist nach bestimmten Wörtern manchmal von einem Lautschwund oder einer Verkürzung betroffen, z. B. nach **ula** (ohne), **ar** (außer), **sel** (außer), **ar** (bis) und **hund** (wie). Meist verschwindet der erste Selbstlaut vollständig. Ein langer (manchmal auch ein normaler) Selbstlaut wird zu einem **e** verkürzt.

Inta yeqqîm dagh ehen.
(< dagh éhen)
er er-saß im Zelt
Er sitzt im Zelt.

Idj añbann.
(< Idjâ añbann.)
er er-machte Panne
Er hat eine Panne.

Der Lautschwund macht es oft schwierig, die einzelnen Wörter erkennen zu können. Aus diesem Grund steht der nicht ausgesprochene Selbstlaut zum besseren Verständnis in Klammern, z. B. **Idj(â) añbann.**

Wörter, die weiterhelfen

Bereits wenige Floskeln und Satzbausteine helfen, sich in einer Situation zurechtzufinden und das Nötigste zu sagen und zu fragen.

ayo, ewalla (H)	ja
kala-kala *(nein)*	nein
..., tannemert ennek. *..., danke dein*	..., bitte. (Wunsch)
Tannemert.	Danke.
Surf ahi! / Ansh ahi d! *verzeih! mir / verzeih! mir hier*	Verzeihung!
Lâm ... *(ihr-hattet ...)*	Haben Sie ...?
Tordêd-s ill(â)-ê ...? *möglich es-hatte-es*	Gibt es ...?
Tordes illâ digh ...? (H) *möglich es-hatte hier ...*	Gibt es ...?
Ewalla ill(â)-ê ...! *ja, es-hatte es ....* Ayo illâ digh ...! (H) *ja es-hatte hier ...*	Ja, es gibt ...!
Wer t illâ dîhâdegh ...! *nicht es es-hatte hier ...* Wer t ill(â)-ê digh ...! (H) *nicht es es-hatte-ihm hier ...*	Hier gibt es nicht/kein ...!
Nek arhêgh ... *ich ich-mochte ...*	Ich brauche (ein/en) ...
Manekêt? *(wie-viel)*	Wie viel kostet das?
Indêk-et ...? *(wo ...)*	Wo ist ...?
Nek edjmâyegh ... *ich ich-suchte ...*	Ich suche ...

Die Satzbausteine können universell eingesetzt und mit passenden Vokabeln kombiniert werden.

Beachten Sie: Das persönliche Fürwort **nek** *wird im Hoggar durch* nekkunan *ausgetauscht.*

Hauptwörter

Im Tuareg gibt es keine Artikel, weder bestimmte („der, die, das") noch unbestimmte („ein, eine"). Man kann nur aus dem Zusammenhang erkennen, ob das Hauptwort (Substantiv) bestimmt oder unbestimmt ist:

abarad̲; arraw/arrawen (H)	(ein/der) Junge
adghar; âdrar (H)	(ein/der) Berg

grammatisches Geschlecht

In der Tuaregsprache gibt es zwei grammatische Geschlechter, das weibliche und das männliche (im Weiteren mit „w" und „m" abgekürzt).

Männliche Hauptwörter beginnen meistens mit einem Selbstlaut:

ahâlis; âles (H)	Mann
alam; âmis (H)	Kamel

Bei den männlichen Hauptwörtern bleibt ein Selbstlaut am Wortanfang bestehen, jedoch ändert er sich meist in der Mehrzahl:

aheksh; ashek (H)	Pflanze
iheshkân; ishkân (H)	Pflanzen

Alle Wörter, die mit **t-** *anfangen, sind weiblich. Dieses* **t-** *bleibt auch in der Mehrzahl erhalten:*

tamet̲	Frau
tôraft	Auto
têle	Schatten

tabarekkat	Tamariske
tibarekkâtîn	Tamarisken

Die wichtigsten Wörter halten sich wie in ganz vielen Sprachen nicht an diese Regel. So sind folgende Wörter weiblich, obwohl sie nicht mit einem **t-** anfangen:

Die Wörter **âman** *(Wasser) und* **isân** *(Fleisch) sind übrigens männlich und in der Mehrzahl.*

anna	Mutter	**ulli**	Ziegen
messa	Herrin		

Folgende Hauptwörter sind männlich, obwohl sie nicht mit Selbstlaut beginnen:

fad	Durst	**médden**	Männer
laẕ	Hunger	**messaw-s**	Herren-von

Dort wo es Sinn macht, lassen sich männliche Hauptwörter in weibliche umwandeln. Hierbei wird an Anfang und Ende des Wortes ein **-t** gehängt. Dies betrifft vor allem Bezeichnungen für Menschen und Tiere:

almânî	Deutscher	**talmânîyat**	Deutsche
amghar	Greis	**tamghart**	Greisin
âlam	Kamel	**tâlamt**	Kamelstute

Die Mehrzahl ist immer unregelmäßig, auch wenn sich einige häufige Mehrzahlformen erkennen lassen. Deshalb wird die Mehrzahl in allen Wörterlisten (soweit gebräuchlich) grundsätzlich nach einem Schrägstrich angegeben.

Dieses & Jenes, Hier & Dort

Im Tuareg gibt es eine schwer durchschaubare Fülle von hinweisenden Fürwörtern (Demonstrativpronomen), mit denen man kleinste Unterschiede in der Entfernung und auch in der Zeit ausdrücken kann. Nachfolgend sind die häufigsten aufgeführt.

Die hinweisenden Fürwörter stehen im Tuareg vor dem Hauptwort. Sie richten sich in Zahl und Geschlecht nach dem dazugehörigen Hauptwort.

wâ-degh, dî-degh, wâgh, wâ-degh (H)	dieser hier
tâ-degh, ta, tâgh (H)	diese hier
dîhâ-degh, dîgh (H)	diese (m) hier
dîhâ-degh, dihâd (H)	diese (w) hier
wên	jener dort
tên	jene dort
wî-degh, sihên-degh, wî-regh, sihên (H)	jene (m) dort
sihên-degh, sihên (H)	jene(w) dort

aw-âdim *bedeutet wörtlich „Sohn von Adam" und wird im Allgemeinen mit „Mensch" oder „Mann" übersetzt.*

wâ-degh aw-âdim
wâgh ahâlis (H)
dieser Mann

tâ-degh tâme<u>t</u>
tâgh tâme<u>t</u> (H)
diese Frau

dîhâ-degh médden
dîgh médden (H)
diese Männer

sihên-degh tîdidîn
sihên <u>t</u>îdidîn (H)
jene Frauen

wên aw-âdim
jener Mann

tên tâme<u>t</u>
jene Frau

Relativpronomen

In den hinweisenden Fürwörter **wâ-degh** (dieser) und **tâ-degh** (diese) stecken die Wortteile **wâ** und **tâ**. Sie gehören zur Wortklasse der relativen Fürwörter (Relativpronomen), z. B. „der Mann, der/welcher krank ist".

wa (m)	welcher, der
ta (w)	welche, die
wi (m Mz)	welche, die
ti (w Mz)	welche, die
awa	was auch immer, das
i	welches (für unbelebte Dinge)
a	welcher (selten, für unbelebte Dinge oder Personen)

Im Tuareg werden diese relativen Fürwörter ausgiebig verwendet. Und das auch dann, wenn wir es im Deutschen nicht tun.

aw-âdem wa inhâyegh
Mensch welcher ich-sah
der Mann, den ich gesehen habe

Auch zusammengesetzte Hauptwörter werden mit relativen Fürwörtern gebildet. Die Konstruktion ähnelt dann einer deutschen Genitivkonstruktion mit „des/der", z. B. „das Haus des Opas". An das relative Fürwort **wa, ta, wi, ti, awa** oder **i** wird ein **-n** (von) angehängt. Darauf folgt dann das zweite Hauptwort der Verbindung (z. B. „des Opas").

alkard wa-n esîkel
Karte welche-von Reisen
Fahrkarte

tesôkalt ta-n (î)ssînen
Löffel welcher-von Zähnen
Gabel („Stachellöffel")

Persönliche Fürwörter

Im Tuareg unterscheidet man auch am persönlichen Fürwort (Personalpronomen), ob man mit einer Frau oder einem Mann redet. Das trifft auch zu, wenn man über (reine) Männer- oder Frauengruppen spricht. Für eine gemischte Gruppe von Frauen und Männern verwendet man die männliche Mehrzahlform.

Übrigens gibt es keine Höflichkeitsform, die dem deutschen „Sie" entspricht. Man verwendet immer „du".

nek, nekkunan (H)	ich
kay, kayyunan (H)	du (m)
kam, kammunan (H)	du (w)
enta	er, sie
nékanid	wir (m)
nékkanétid	wir (w)
kawanid	ihr (m)
kémetid	ihr (w)
entanid	sie (m)
entanétid	sie (w)

Die Verwendung des persönlichen Fürwortes ist übrigens nicht zwingend erforderlich, es wird nur zur Betonung eingesetzt, da an der gebeugten Verbform die handelnde Person eindeutig ablesbar ist.

Neglâ, nek (H: nekkunan) **ed kay.**
wir-gehen, ich und du
Wir gehen, ich und du.

Besitzanzeigende Fürwörter

Besitzanzeigende Fürwörter (Possessivpronomen) werden dem Hauptwort nachgestellt. Sie richten sich in Zahl und Geschlecht nach der Person, der etwas gehört! Weiterhin wird unterschieden, ob das zugehörige Hauptwort auf einem Selbstlaut oder Mitlaut endet.

nach Mitlaut	nach Selbstlaut	
in	**hin**	mein/e, mich, mir
ennek	**nnek**	dein/e (m), dich, dir
ennem	**nnem**	dein/e (w), dich, dir
ennit	**nnit**	sein/e, ihn, ihm; ihr/e, sie, ihr
nenegh	**nenegh**	unser/e, uns
nawen	**nawen**	euer/e (m), euch
nekemet	**nekemet**	euer/e (w), euch
nesen	**nesen**	ihr/e (m), sie, ihnen
nesenet	**nesenet**	ihr/e (w), sie, ihnen

Die besitzanzeigenden Fürwörter übernehmen außerdem die Funktion unserer gebeugten persönlichen Fürwörter (z. B. „mir, mich, dir, dich“ etc.).

aman in
mein Wasser

amidi hin
mein Freund

amidi nnek/nnem
dein (m/w) Freund

imîdiwan in
meine Freunde

Besitzanzeigende Fürwörter

Wenn das zugehörige Hauptwort Personen bezeichnet, mit denen die Person, der etwas gehört, verwandt sein könnte (Vater, Schwester), lauten die besitzanzeigenden Fürwörter anders. Die Mehrzahlform **añaten** *(Brüder) verlangt jedoch tückischerweise nach den „normalen" besitzanzeigenden Fürwörtern!*

besitzanzeigende Fürwörter für Verwandte

nach Mitlaut	nach Selbstlaut	
i	**hi**	mein
ek	**k**	dein (m)
em	**m**	dein (w)
es	**s**	sein/ihr
înegh	**negh**	unser
iwen	**wen**	euer (m)
ikemet	**kemet**	euer (w)
isen	**sen**	ihr (m)
isenet	**senet**	ihr (w)

abba hi mein Vater — **abba k** dein (m) Vater — **aña k** dein (m) Bruder

aña m dein (w) Bruder — Aber: **añaten hin** meine Brüder

Werden Phrasen mit Verwandtschaftsbegriffen gebildet, die das Wörtchen **n** (von) enthalten, so wird an den Verwandtschaftsbegriff bisweilen ein **-s** (nach Selbstlaut) bzw. **-es** (nach Mitlaut) als besitzanzeigende Endung für „sein/ihr" angehängt:

matt-es n îmadrayén
mas n îmadrayén (H)
Mutter-sein von Brüder
Mutter der Brüder (feststehender Begriff, der für „Tante" verwendet wird)

Sätze ohne Verben

Die ersten Sätze lassen sich nun schon ohne Verben zusammenbauen. Und zwar sind dies alle Sätze, für die man im Deutschen das Verb „sein" (als Vollverb) benötigt, allerdings nur, wenn die Satzergänzung ein Hauptwort (und kein Eigenschaftswort) ist.

Âman iman, âkh isûdâr.
Wasser Leben, Milch Nahrung
Wasser ist Leben und Milch ist Nahrung.
(sehr verbreitetes Tuaregsprichwort)

Nek (H: nekkunan) **Mokhamed.**
ich Mohamed
Ich bin Mohamed.

Verben & Zeiten

Die Verben im Tuareg bestehen aus Wortwurzeln, die jeweils aus normalerweise zwei bis vier Mitlauten zusammengesetzt sind. Diese tragen die eigentliche Grundbedeutung. Durch Einschieben oder Anhängen weiterer Buchstaben wird dann die gewünschte Bedeutung des Verbs erreicht.

In der deutschen Umgangssprache sind wir es gewohnt, in Zeitstufen zu reden. Ist etwas schon geschehen, geschieht gerade etwas oder wird etwas geschehen? So sagt man: „ich habe

Das Verb **ekhdem** *„arbeite!" besteht aus den Wortwurzeln* **kh-d-m,** *wobei* **kh** *als ein einziger Laut ausgesprochen wird. Alle Tuaregwörter, welche die Wortwurzel* **kh-d-m** *in irgendeiner Form enthalten, haben etwas mit der Grundbedeutung „arbeiten" zu tun. So heißt* **yekhdem** *„er arbeitete" und* **anâkhdim** *„Arbeiter" oder „Angestellter".*

getrunken", „ich trinke" oder „ich werde trinken", und man kann exakt beschreiben, ob etwas in der Vergangenheit, in der Gegenwart oder in der Zukunft geschieht.

Im Verbsystem der Tuareg ist dies zweitrangig. Dies ist eigentlich auch nicht allzu verwunderlich, denn nach wie vor hat Zeit an sich bei den wenigsten traditionellen Tuareg einen Wert. Viel wichtiger ist die Feststellung, ob etwas sicher geschieht, z. B. „ich bin gekommen", „ich komme", „ich werde kommen". Hier wird im Tuareg das Verb in den **vollendeten Aspekt** gesetzt, was bedeutet, dass etwas ganz sicher geschehen ist, gerade geschieht oder noch geschehen wird. Zeitangaben, wie „morgen", „heute" und „gestern", machen dann deutlich, was genau gemeint ist. Da in der Praxis der vollendete Aspekt häufig für die **Vergangenheit** verwendet wird, bezeichne ich ihn als „Vergangenheitsform".

Die zweite Verbform im Verbsystem der Tuareg ist das **Imperfekt,** damit ist ganz wörtlich der **unvollendete Aspekt** gemeint. Wenn eine Handlung mit irgendeiner Unsicherheit, Zweifel oder Wünschen behaftet ist („ich habe wohl geschlafen", „ich möchte jetzt gehen", „ich werde wohl gehen müssen"), verwendet man im Tuareg den Imperfekt des Verbs.

Die Imperfektform kann auch zur Bildung der Gegenwartsform eines Verbs verwendet werden, jedoch schwingt dann gleichzeitig die Idee von etwas Ungewissen, Eventuellen und Vagen mit.

Befehlsform

Die Befehlsform für die 2. Person Einzahl („geh!") ist die einfachste und kürzeste Verbform. Aus ihr lassen sich die Befehlsformen für die Mehrzahl („geht!") und die Imperfektform des Verbs („er geht") ableiten.

Eine eigene Befehlsform für eine Frau (Einzahl) gibt es im Tuareg nicht.

egel!	geh!	**ermes!**	nimm!
eksh!	iss!	**sesten!**	frag!
ekhdem!	arbeite!		

Für die Befehlsformen an die 2. Person Mehrzahl (ihr) unterscheidet man zwischen männlich und weiblich (ihr Männer, ihr Frauen) – einen Unterschied, den es im Deutschen nicht gibt. An die Befehlsform für die 2. Person Einzahl (du) werden folgende Endungen angehängt:

Für eine gemischte Gruppe von Männern und Frauen wählt man die männliche Mehrzahlendung!

-et	ihr (m)	**-met**	ihr (w)

sesten!	**sestenet!** (m)	**sestenmet!** (w)
frag!	fragt!	fragt!

Imperfekt (unvollendeter Aspekt)

Aus der Befehlsform lässt sich nun die Imperfektform ableiten. Für „ich, du, er ..." werden personenspezifische Endungen angehängt oder Vorsilben vorangestellt. Anders als im Deutschen wird auch für die 2. und 3. Person Mehrzahl („ihr", „sie") unterschieden, ob es

Die unvollendete Form wird gewöhnlich mit der deutschen Gegenwartsform übersetzt. Dieses Beugungsmuster gilt auch – jedoch mit einer anderen Grundform des Verbs – für die Beugung in der Vergangenheit (vollendeter Aspekt).

sich um (nur) weibliche oder männliche Personen handelt.

...-(e)gh	ich	**n-...**	wir
t-...-ed	du	**t-...-(e)m**	ihr (m)
		t-...-met	ihr (w)
y-.../i-...	er	**...-(e)n**	sie (m)
t-...	sie	**...-net**	sie (w)

Für die 3. Person Einzahl männlich (er) wird ein **y-...** verwendet, wenn die Befehlsform des Verbs mit einem Selbstlaut beginnt. **Ekhdem** (arbeite!) wird also zu **yekhdem** (er arbeitet). Beginnt die Befehlsform mit einem Mitlaut, wird ein **i-...** für die 3. Person Einzahl verwendet. **Sesten** (frag!) wird zu **isesten** (er fragt).

Hier ist das Beugungsschema auf das Verb **ekhdem** *(arbeite!) angewandt:*

ekhdemegh	ich arbeite
tekhdemed	du arbeitest
yekhdem	er arbeitet
tekhdem	sie arbeitet
nekhdem	wir arbeiten
tekhdemem	ihr (m) arbeitet
tekhdemmet	ihr (w) arbeitet
ekhdemen	sie (m) arbeiten
ekhdemnet	sie (w) arbeiten

Vergangenheit (vollendeter Aspekt)

Die Kategorie „Vergangenheit" wird zwar wie im Deutschen für Vergangenes verwendet, drückt aber noch mehr aus. Man verwendet diese Verbform auch, wenn man sicher ist, dass etwas gerade geschieht oder etwas geschehen wird.

Ma tolahed?	**Kay tedjed éhen?**
was du-ähneltest	*du du-machtest Ehe*
Wie geht's?	Bist du verheiratet?

Die Vergangenheitsform (eigentlich „vollendeter Aspekt") steht im Vokabelteil an dritter Stelle. Es ist die „Grundform", also die 3. Person Einzahl männlich („er"). Diese wird in das oben vorgestellte Beugungsschema eingefügt.

In der Wort-für-Wort Übersetzung mag zwar manchmal eine deutsche Vergangenheitsform stehen, jedoch je nach Sinnzusammenhang muss im Deutschen mit der Gegenwartsform oder sogar mit der Zukunftsform übersetzt werden.

ekhdâmegh	ich arbeitete
tekhdâmed	du arbeitetest
yekhdâm	er arbeitete
tekhdâm	sie arbeitete
nekhdâm	wir arbeiteten
tekhdâmem	ihr (m) arbeitetet
tekhdâmmet	ihr (w) arbeitetet
tekhdâmen	sie (m) arbeiteten
ekhdâmnet	sie (w) arbeiteten

Hier ist das Beugungsschema auf das Verb **yekhdâm** *(er arbeitete) angewandt.*

Abweichungen vom Beugungsmuster

Das Verb **ilsa** (er kleidete sich) beginnt mit einem **i-** und endet auf **-a** und weist deshalb noch eine kleine Abweichung in der Beugung auf. Um die ich-Form zu bilden, wird das **i-** zum **a-** und das **-a** zum **-e**. Um die du-Form, die ihr-Form (m/w) und die sie-Form (m/w, Mz) zu bilden, wird aus dem **i-** ein **e-** geformt. Dann kann das Verb wie gewohnt gebeugt werden. Um die sie-Form und die wir-Form bilden zu können, verwandelt man das **i-** in ein **e-** und beugt dann das Verb wie gewöhnlich.

Auch Verben, die auf einem langen **-â** *enden, wie* **iknâ** *(er machte), werden nach diesem Schema gebeugt.*

alsegh	ich kleidete mich
telsed	du kleidetest dich
ilsa	er kleidete sich
telsa	sie kleidete sich
nelsa	wir kleideten uns
telsem	ihr (m) kleidetet euch
telsemet	ihr (w) kleidetet euch
elsen	sie (m) kleideten sich
elsenet	sie (w) kleideten sich

Ghali iknâ tâdjella.
Ghali er-machte Tagella
Ghali macht/machte Tagella.

Tagella ist das im Sand gebackene Tuaregbrot.

Zukunft

Um im Tuareg die Zukunft auszudrücken, wird vor das Verb in der Imperfektform (unvollendeter Aspekt) die Zukunftspartikel **ed** gesetzt. Da **ed** nicht wörtlich zu übersetzen ist, wird es in der Wort-für-Wort-Übersetzung mit der Abkürzung „ZUK" für „Zukunftspartikel" repräsentiert. Zusätzlich können Zeithinweise ergänzt werden.

En nens digh ehod̲ dihâ-degh.
ZUK wir-schlafen hier Nacht diese
Wir werden heute Nacht hier schlafen.

ed ekhdemegh	ich werde arbeiten
et tekhdemed	du wirst arbeiten
ed yekhdem	er wird arbeiten
et tekhdem	sie wird arbeiten
en nekhdem	wir werden arbeiten
et tekhdemem	ihr (m) werdet arbeiten
et tekhdemmet	ihr (w) werdet arbeiten
ed ekhdemen	sie (m) werden arbeiten
ed ekhdemnet	sie (w) werden arbeiten

Die Zukunftspartikel **ed** *kann sich an den Anfangsbuchstaben des folgenden Verbs lautlich anpassen.*

Intensivform (Gegenwart)

Die Intensivform wird aus der Aufforderungsform Einzahl abgeleitet. Oft wird einer der Wurzelmitlaute verdoppelt und einer der Nachbarselbstlaute angehängt. Dem Verb wird meist ein kurzes **i-** vorangestellt. Die daraus entstehende Form ist die 3. Person männlich Einzahl („er").

Mit der Intensivform des Verbs wird die Gegenwart ausgedrückt. Sie wird verwendet, wenn eine Handlung gerade oder regelmäßig geschieht, z. B. „ich sehe dich gerade" und „was arbeitest du (gewohnheitsmäßig)?", und betont die dem Verb zugrundeliegende Handlung („ich arbeite!").

ekhdem!	**ikhâddem**
Arbeite!	er arbeitet gerade/immer

Die allgemein gebräuchlichen Intensivformen sind in der Wörterliste im Anhang angegeben. In der Wort für Wort Übersetzung steht das Kürzel „INT" für die Intensivform des Verbs.

Ma (i)kânnenet?
was sie(w,Mz)-machen(INT)
Was machen sie gerade (od. immer)?

Die Intensivform verwendet das gleiche Beugungsmuster wie die Verben der Imperfektform und der Vergangenheitsform. Es gibt übrigens nicht für alle Verben eine Intensivform!

khâddemegh	ich arbeite
tekhâddemed	du arbeitest
ikhâddem	er arbeitet
tekhâddem	sie arbeitet
nekhâddem	wir arbeiten
tekhâddemem	ihr (m) arbeitet
tekhâddemmet	ihr (w) arbeitet
ekhâddemen	sie (m) arbeiten
ekhâddemnet	sie (w) arbeiten

hierher & dorthin

In Verbindung mit einigen Verben, wie **awi**/**iwey** (bring!/er brachte), **ekf**/**ikfâ** (gib!/er gab), **egel**/**iglâ** (geh!/er ging) oder **shensh**/**ishensha** (kauf!/er kaufte), werden oft die Partikeln der Nähe bzw. des auf etwas Hinbewegens **(ed)** und Ferne bzw. des von etwas Wegbewegens **(în)** verwendet. Auch wir verwenden im Deutschen so etwas, wenn wir sagen „gib es her/weg".

Diese Partikeln sind im Gebrauch an ganz bestimmte Verben gebunden.

awi (e)d	herbringen
iglâ în	weggehen

Awi (e)d âman!
bring! hierher Wasser
Gib mir Wasser!

Ekf ahî (e)d âman!
gib! mir hierher Wasser
Gib mir Wasser!

Tehuled în Mûsa!
du-grüßt dort Musa
Viele Grüße an Musa!

Eglêgh în.
ich-gehe dorthin
Ich gehe jetzt (weg).

Nach der Verneinungspartikel **wer** (nicht) stehen die Partikel der Nähe **d** (hierher, hier) und der Ferne **în** (dort, dorthin) vor dem Verb. Vor die Partikel **în** wird ein **h** gesetzt:

Die Idee von Nähe und Ferne gilt nicht nur für geographische Angaben, sondern wird auch verwendet, wenn etwas länger oder nicht so lange zurückliegt.

Wer hîn eshshimegh.
nicht dort ich-war-besser
Mir geht es nicht besser als neulich.

Elmustafa wer (e)d ôsa.
Mustafa nicht hier er-kam
Mustafa ist nicht gekommen.

Aktiv, Passiv & Reflexiv

Im Tuareg kann man anhand der Verbform nur sehr selten zwischen Aktiv (z. B. „er lobt"), Passiv („er wurde gelobt") und Reflexiv (z.B. „er lobte sich") unterscheiden. Einzig aus dem Sinnzusammenhang lässt sich herausfinden, ob das Verb aktiv, passiv oder reflexiv (rückbezüglich) gemeint ist.

Elmustafa iknâ tâdjella.
Mustafa er-machte Brot
Mustafa backt Brot.

Amensu iknâ.
Essen es-machte(-sich)
Das Essen ist fertig!

haben, nicht mehr sein, in etwas sein

Das Verb **el/illâ** (haben) wird immer als Vollverb im Sinne von „haben/besitzen" verwendet. Es wird hauptsächlich in der Vergangenheit verwendet.

haben/besitzen

Das **te** *in Klammern kann entfallen.*

lîgh	ich hatte/habe
(te)lêd	du hattest/hast
illâ	er hatte/hat
tellâ	sie hatte/hat
nelâ	wir hatten/haben
(te)lâm	ihr (m) hattet/habt
telâmet	ihr (w) hattet/habt
illân	sie (m) hatten/haben
illânet	sie (w) hatten/haben

Lîgh âman.
ich-hatte Wasser
Ich habe Wasser.

(Te)lêd âman?
du-hattest Wasser
Hast du Wasser?

Dagh adghrar illân t odaden.
in Berg sie-hatten ihm Mufflons
In den Bergen gibt es Mufflons.

Kay (te)lêd tîdet.
du du-hattest Wahrheit
Du hast Recht.

nicht mehr sein

Es gibt außerdem das Verb **iba**/**aba** (er ist/war nicht mehr), welches man mit „nicht mehr sein" übersetzen kann:

Aba s addôbegh téklé.
es-war-nicht-mehr von ich-kann (das-)Gehen
Ich kann nicht mehr laufen.

Das gleiche Verb wird im Hoggar-Dialekt auch für „tot sein, gestorben sein" verwendet. Im Mali-Dialekt verwendet man hierfür ein anderes Verb.

Aba t. (H)	**Ammut.**
er-starb ihm	*er-starb*
Er ist gestorben.	Er ist gestorben.

in etwas sein

Im Tuareg gibt es eine kleine Kategorie von Verben, die im Deutschen als Verhältniswörter (z. B. „in, auf") übersetzt werden. Das wichtigste ist das Verb **eh**/**ihâ** (er ist/war in (etwas)):

Elbarrad ihâ tamshit ta-n Mokhamed.
Elbarrad ihâ tamhit ta-n Mokhamed. (H)
Teekanne er-war-in Ledersack welche-von Mohamed
Die Teekanne ist in Mohameds Ledersack.

Partizipien

Eine sehr gebräuchliche Alternativform für die Gegenwart sind Partizipien (Mittelwörter, z. B. „machend, gehend, essend"), die aus „normalen" Verben oder aus der Intensivform der Verben gebildet werden. Sie richten sich in Zahl und Geschlecht nach dem zugehörigen Satzgegenstand (Subjekt). In der Mehrzahl wird männlich und weiblich nicht unterschieden. Es wird immer ein persönliches Fürwort oder ein anderes Hauptwort in dieser Funktion sein. Aus „er macht" bildet sich so „er (ist) machend". Dabei geht man von der Befehlsform der 2. Person Einzahl männlich (z. B. arbeite!) des Verbs aus.

Partizipien

Die Endungen (hier durch Bindestriche hervorgehoben) werden an die Befehlsform der 2. Person Einzahl männlich angehängt.

iknâ!	mach!
iknâ-n (m Ez)	er ist machend
iknâ-t (w Ez)	sie ist machend
iknâ-nen (Mz)	sie sind machend

Endet die Befehlsform auf einem Mitlaut, so wird für das Partizip in der Einzahl ein zusätzliches **-e-** vor die Endung geschoben:

ekhdem!	arbeite!
ekhdem-en (m Ez)	er ist arbeitend
ekhdem-et (w Ez)	sie ist arbeitend
ekhdem-nen (Mz)	sie sind arbeitend

Mokhamed ghas a yessân-en.
Mohamed nur welcher er-ist-wissend
Nur Mohamed weiß es.

Partizipien lassen sich nach dem gleichen Muster auch aus den Intensivformen der Verben bilden:

ikann!	mache! (INT)
ikann-en (m Ez)	er ist machend (INT)
ikann-et (w Ez)	sie ist machend (INT)
ikann-nen (Mz)	sie sind machend (INT)

aw-âdim wa ikannen elkarhaba
Mensch welcher er-ist-machend(INT) Auto
Automechaniker

Eigenschaftsverben

Die Eigenschaftsverben beschreiben den Zustand einer Eigenschaft (z. B. „krank sein“) und keine Handlung (z. B. „gehen“), wie wir das von deutschen Verben gewohnt sind. Sie vereinen das, wofür man im Deutschen ein Eigenschaftswort und das Hilfsverb „sein“ benötigt und werden meistens in der Vergangenheitsform (vollendeter Aspekt) verwendet.

erhîn-egh	ich war krank
erhîn-ed	du warst krank
erhîn	er war krank
erhîn	sie war krank
erhîn	wir waren krank
erhîn-em	ihr (m) wart krank
erhîn-met	ihr (w) wart krank
erhîn-en	sie (m) waren krank
erhîn-net	sie (w) waren krank

Die Eigenschaftsverben haben ein eigenes Beugungsmuster, hier am Beispiel **erhîn** *(er war krank) vorgeführt. Die Beugungsendungen sind durch Bindestriche hervorgehoben.*

Irú erhînegh.
es-war-lange-her krank-bin-ich
Ich bin seit langem krank.

Auch von Eigenschaftsverben lassen sich Partizipien bilden. Diese Partizipien jedoch, die aus der Vergangenheitsform von Eigenschaftsverben gebildet werden, haben meistens die Funktion von (normalen) Eigenschaftswörtern und werden als solche auch verwendet.

Eigenschaftswörter

Genau genommen gibt es im Tuareg keine wirklichen Eigenschaftswörter (Adjektive). Hier bedient sich die Sprache einiger grammatikalischer Tricks. Die Wortkategorie, die wie Eigenschaftswörter behandelt werden können, sind Partizipien, die aus der Vergangenheitsform von Eigenschaftsverben gebildet werden. Diese Partizipien haben jedoch ein anderes Beugungsmuster als Partizipien aus „normalen" Verben. Sie werden dem Hauptwort, auf das sie sich beziehen sollen, nachgestellt und richten sich nach diesem in Zahl und Geschlecht.

Zur Bildung des weiblichen Partizips Einzahl wird ein eventuell vorangehender Mitlaut durch ein **t-** *ersetzt und an das Wortende ein* **-et** *angehängt.*

Ein Beispiel für diese Sorte von Eigenschaftswörtern ist das Eigenschaftsverb **husi/yéhôskey** (er ist schön/er war schön). Die Vergangenheitsform **yéhôskey** ist nun die Grundlage der Partizipienbildung: Die 3. Person Einzahl dieser Gruppe Verben ist identisch mit dem Partizip Einzahl männlich. **Yéhôskey** heißt gleichzeitig „er-war schön", aber auch „schön seiend".

„schön seiend"	**m**	**w**
Ez	**yé-hôske-y**	**té-hôske-yet**
Mz	**yé-hôske-tnin**	**té-hôske-tnin**

Zur Bildung der Mehrzahl wird ein eventueller Schlussmitlaut durch ein **-nin** ersetzt, wobei oft ein **t** als „Lückenfüller" eingefügt wird.

ahâlis yehôskey
Mann schöner
ein schöner Mann

mêdden yéhôsketnin
Männer schöne
schöne Männer

ṯâmeṯ téhôskeyet
Frau schönes
eine schöne Frau

ṯididîn téhôsketnin
Frauen schöne
schöne Frauen

Aus Gründen der Übersichtlichkeit werden die Partizipien aus Eigenschaftsverben in der Wort-für-Wort-Übersetzung wie ein normales Eigenschaftswort übersetzt, also z. B. „schön" statt „schön-seiend". Man findet sie im Vokabelteil im Anhang (jeweils männliche und weibliche Einzahlform auch unter dem deutschen Eigenschaftswort).

Eine kleine Gruppe von Eigenschaftsverben bildet die männliche Einzahlform mit **-n**. In der weiblichen Partizipform wird das **-n** am Wortende zu **-t**. Der Wortanfang bleibt hierbei unverändert:

m	w	
meqqôren	**meqqôret**	groß
olâghen	**olâghet**	gut
mellen	**mellet**	weiß

Eine weitere Gruppe von Eigenschaftsverben bildet das männliche Partizip auf **-en.** Die weibliche Einzahl bildet sich durch vorangestelltes **t-** und den Ersatz des **-n** am Wortende durch ein **-t.** Die gebräuchlichsten sind:

m	w	
îmetjeqqen	**tîmetjeqqet**	klein, wenig
iyadjên	**tîyadjêt**	viel
îsedjrîn	**tîsedjrêt**	hoch

Zu dieser Kategorie von Eigenschaftswörtern gehören auch viele, die Farben bezeichnen (Ausnahme ist „weiß", s. o.).

Eigenschaftswörter

m	w	
ikawwalen	**tikawwalet**	schwarz
idjegaghen	**tidjegaghat**	rot
idelin	**tidelit**	blau
iyaraghen	**tiyaraghat**	gelb
isattafan	**tisattafet**	grün

Eine ganze Reihe von Eigenschaftswörtern bildet die weibliche Einzahlform durch Voranstellen eines **-t:**

m	w	
eddîwed	**teddîwed**	glücklich, verheiratet
ekkûs	**tekkûs**	heiß
erhên	**terhîn**	krank
irú	**terú**	alt
êddâsh	**teddâsh**	müde
ohâz	**tohâz**	nah
adôdet	**tadôdet**	richtig
ezzowet	**tezzowet**	teuer
irmed	**tirmed**	schnell
azzây	**tazzây**	schwer
essôhed	**tessôhed**	schwierig
yûdjedj	**tûdjedj**	weit

Andere Eigenschaftswörter sind völlig unregelmäßig. Manche von ihnen werden aus mehr als einem Wort gebildet. Diese Formen müssen wohl oder übel auswendig gelernt werden.

m	w	
tâlaqqay	**talîqaw**	arm
wer ferôr	**wer tefrêr**	einfach (n. (schwierig)
wer ikná	**wer tikná**	falsch
ighlâs	**taghallâs**	gesund
sollân	**tja sollân**	langsam
sêres	**seres**	niedrig
wer infâ haret	**wer tinfá haret**	nutzlos
ohodja hîn	**tohôdja hîn**	verspätet

Wenn das Hauptwort „bestimmt“ sein soll (also im Deutschen mit dem bestimmten Artikel stehen würde), wird darüber hinaus noch zwischen Hauptwort und Eigenschaftswort ein relatives Fürwort (Relativpronomen) eingefügt, das sich in Zahl und Geschlecht nach dem Hauptwort richtet:

wa	welcher (m Ez)	**wi**	welche (m Mz)
ta	welche (w Ez)	**ti**	welche (w Mz)

ténéré ta mellet
Ebene welche weiß
die Ebene, die weiß ist
(oder:) die weiße Ebene

éhen wa mellen
Zelt welches weiß
das weiße Zelt

Ténéré ta mellet *ist der Tuaregausdruck für die berühmte Ténéré-Wüste im Norden Nigers.*

Beachten Sie: Wenn das Eigenschaftswort jedoch Satzergänzung ist (prädikativer Gebrauch) und nicht ein Hauptwort näher bestimmt (attributiver Gebrauch), dann verwendet man das Eigenschaftsverb!

Fürwörter als Satzergänzung

Um Sätze wie „ich liebe dich“ oder „er sagte mir“ ausdrücken zu können, gibt es eine Anzahl von Fürwörtern, die man wohl oder übel auswendig lernen muss.

Insgesamt gibt es drei verschiedene Beugungsmuster von satzergänzenden Fürwörtern, die unseren im 3. und 4. Fall gebeugten persönlichen Fürwörtern entsprechen, also auf die Fragen „wen?“ oder „was?“ Antwort geben. Diese Muster, im Folgenden „Reihen“ genannt, haben zwar einige Gemeinsamkeiten, jedoch unterscheiden sich alle sehr deutlich in der 3. Person Einzahl (er). Während in der ersten Reihe für die 3. Person Einzahl ein **t** steht, findet sich in der zweiten Reihe an der gleichen Stelle ein **ê** und in der dritten Reihe ein **âs**. Aus diesem Grund bietet es sich an, die Reihen als „**t**-Reihe“, „**ê**-Reihe“ und „**âs**-Reihe“ zu bezeichnen.

t-Reihe Nach den relativen Fürwörtern (z. B. **wa** und **ta**), nach der Zukunftspartikel **ed** sowie nach der Verneinungspartikel für Verben **wer** steht das satzergänzende Fürwort vor dem Verb. In diesem Fall wird die **t**-Reihe der satzergänzenden Fürwörtern verwendet.

Die Buchstaben in Klammern werden verwendet, wenn die relativen Fürwörter vor dem Verb stehen.

(h)i	mich, mir	**(h)ânegh**	uns
kay	dich, dir (m)	**kawen**	euch (m)
kem	dich, dir (w)	**kemet**	euch (w)
t	ihm, ihn	**ten**	ihnen, sie (m)
tet	ihr, sie	**tenet**	ihnen, sie (w)

Wer tet arhêgh.
nicht sie(Ez) ich-liebe
Ich liebe sie nicht.

Et ten tedjrewed.
ZUK sie(m,Mz) du-findest
Du wirst sie finden.

Weiterhin wird die **t**-Reihe meistens nach Verben verwendet, die in der deutschen Übersetzung eine direkte Satzergänzung verlangen (Frage: „wen/was?“, z. B. „sie liebte *ihn*“). Sie wird dem Verb nachgestellt.

Mokhamed iwey t s adghar.
Mohamed er-brachte ihn zu Berg
Mohamed führte ihn in die Berge.

Nach dem Verb **el/illâ** (er hat/er hatte) wird das satzergänzende Fürwort für die direkte Satzergänzung noch einmal aufgenommen, wobei dieses in der Regel in der Einzahl steht.

Illân t âman dagh abarîd.
sie-waren ihm Wasser(Mz) in Weg
Es gibt Wasser auf dem Weg.

ê-Reihe

Die **ê**-Reihe wird verwendet, wenn das Verb auf einem Selbstlaut endet (z. B. **ikfâ** „er gab"). Die Fürwörter dieser Reihe werden dem Verb nachgestellt:

ahi	mich, mir	**anegh**	uns
ik	dich, dir (m)	**îwen**	euch (m)
im	dich, dir (w)	**îkmet**	euch (w)
ê	ihm, ihn	**în**	ihnen, sie (m)
êt	ihr, sie	**înet**	ihnen, sie (w)

Ikf(â) ê tâdjella.
er-gab ihm Brot
Er gab ihm Brot.

Iksh(a) ê.
er-aß es
Er hat es gegessen.

âs-Reihe

Die **âs**-Reihe wird in der Regel verwendet, wenn das Tuaregverb in der deutschen Übersetzung eine indirekte Satzergänzung verlangt (Frage „wem?", z. B. „er sagte *ihm*"). Es kann dem Verb voran- oder nachgestellt sein.

Wenn ein Fragefürwort verwendet wird (z. B. „was?“), steht das satzergänzende Fürwort vor dem Verb, dann wird das **(h)** *ergänzt!*

(h)i	mir	**(h)ânegh**	uns
(h)âk	dir (m)	**(h)âwen**	euch (m)
(h)âm	dir (w)	**(h)âkemet**	euch (w)
(h)âs	ihm	**(h)âsen**	ihnen (m)
(h)âs	ihr	**(h)âsenet**	ihnen (w)

Ma hâk olah eddesh?
was dir es-ähnelte Erschöpfung
Bist du müde?

Inn(â) âs ...
er-sagte ihm ...
Er sagte ihm ...

Das Verb **ann/innâ** (er sagt/er sagte) endet zwar in der 3. Person der Vergangenheit männlich auf einem **-â** (**innâ** „er-sagte“), müsste eigentlich die **t**-Reihe von satzergänzenden Fürwörtern verlangen; jedoch verlangt es in der deutschen Übersetzung eine indirekte Satzergänzung („er sagte *ihm*“) und wird deshalb ebenfalls mit der **âs**-Reihe kombiniert.

Verhältniswörter

Verhältniswörter (Präpositionen) werden im Tuareg vor das Hauptwort gesetzt. Beim Gebrauch einiger Verhältniswörter, z. B. **walá** (ohne), **ar** (bis) und **schund** (wie), bleibt das darauffolgende Hauptwort unverändert. Andere Verhältniswörter können das darauffolgende Hauptwort verändern, z. B. **dagh** (in) und **fell** (auf).

i	an (Dativanzeiger: wem?/was?)
n	von (Genitivanzeiger: wessen?)
afella	talaufwärts
ataram	talabwärts
ar	bis

alam n tarik
Kamel von Sattel
Reitkamel

âmas n âghrem
Zentrum von Stadt
Stadtzentrum

Mit **n** *(von) werden zusammengesetzte Hauptwörter gebildet.*

Ar essaghat!
bis Stunde
Auf Wiedersehen!

Steht in einem Satz ein Verb mit zwei Satzergänzungen, z. B. „ich gebe *es dir*", so wird in der Regel vor die indirekte Satzergänzung (wenn diese kein Fürwort ist) der Dativanzeiger **i** gesetzt:

Awi ilalan i Mokhamed!
bring! Gepäck an Mohamed
Bring Mohamed das Gepäck!

Zusammen mit nebenstehenden Verhältniswörtern wird die nachzustellende Variante der **âs**-*Form der persönlichen Fürwörter verwendet.*

dat	bei, vor (räuml.), neben	**dagh**	in (räuml.)
ghor	bei	**schund**	wie
dar	hinter	**fell**	auf
s	nach, zu (Richtg.)		

dagh i
in mir

ghor âs
bei ihm

Verhältniswörter

Nach diesen Verhältniswörtern wird der erste Selbstlaut des folgenden Hauptwortes „verkürzt", sprich: kürzer ausgesprochen. So wird z. B. aus **é** *und* **î** *ein* **e.** *Aus* **éhen** *(Zelt) wird z. B.* **ehen.**

dagh	in	**daw**	unter
djir	zwischen	**fell**	auf, über

Die Hauptwörter in eckigen Klammern weisen hier auf die ursprüngliche Form hin.

Esligh tizi (i)yet dagh edraren [îdraren] **wî-degh.**
ich-hörte Passweg ein in Bergen welche-dort
Ich habe gehört, dass es in den Bergen dort einen Pass gibt.

Inta yeqqîm dagh ehen [éhen]**.**
er er-sitzt im Zelt/Haus
Er sitzt im Zelt.

Bei allen Hauptwörtern, die in der Mehrzahl stehen und mit einem Selbstlaut beginnen (z. B. **e-** oder **i-**), entfällt dieser Selbstlaut. Dies betrifft auch die Mehrzahlformen der satzergänzenden Fürwörter, wenn sie nach dem Hauptwort stehen (z. B. **ânegh**):

ghor negh
bei uns

Beginnt das darauffolgende Hauptwort mit kurzem Selbstlaut (z. B. **e**) und endet das Verhältniswort mit einem Mitlaut (z. B. **s**), dann bleibt das Hauptwort meist unverändert:

Indêk abarîd s elbanka?
wo Weg nach Bank
Wo bitte geht es zur Bank?

Bindewörter

Die Bindewörter (Konjunktionen) werden ohne weitere Veränderung verwendet. Weder das Haupt- noch Bindewort verändern sich.

(e)d	und
migh	oder
beshshân	aber
kund	wenn (zeitlich)
âs	als, wenn (zeitlich)
fell innin	weil (Begründung)
kud, innar	falls (Bedingung)
fell awên digh	deshalb
dat âs	bevor (zeitlich)
ishmâd, dat	nachdem (zeitlich)
innin	obwohl (einräumend)
ar	außer, bis dass
schund awa degh ar hin	so dass dort
schund	genauso wie
hullan	insbesondere
walá	ohne, aber nicht (einschränkend)

Die Stellung der Bindewörter entspricht im Wesentlichen etwa der Stellung im deutschen Satz.

Ishmâd ekkegh Belma, ed ôsegh.
nachdem ich-ging Bilma, ZUK ich-komme
Nachdem ich in Bilma gewesen bin, komme ich hierher.

Inta iglâ walâ nek.
er er-ging ohne ich
Er ging ohne mich.

Wollen, Lieben, Müssen & Dürfen

Die deutschen Modalverben (z. B. „wollen", „können", „mögen", und „müssen") modifizieren andere Verben. Im Tuareg werden die deutschen Modalkonstruktionen unterschiedlich gehandhabt.

Das Verb **irhâ** (eigentlich: „er liebte") kann die Funktion eines deutschen Modalverbs übernehmen. Es wird in der Vergangenheit verwendet. Darauf folgt die Zukunftspartikel **ed** und das Hauptverb im Imperfekt.

Modal- u. Hauptverb stimmen in Person und Zahl überein.

Arhêgh ed akkêgh.
ich-liebte ZUK ich-gehe
Ich möchte (jetzt) gehen.

Arhêgh ed issânegh isûhar nawen.
ich-liebte ZUK ich-kenne-aus-Erfahrung Lieder eure
Ich möchte eure Lieder kennen lernen.

Am ehesten kann man sich diese ungewöhnliche Konstruktion vorstellen, wenn man wie folgt formuliert: „Auf mir lastet die Verantwortung Brot zu kaufen" oder „es ist an mir, Brot zu kaufen".

„Müssen" wird ausgedrückt durch das Verb **aur**/**iwâr** (es ist/war auf). Solch ein Verb gibt es im Deutschen nicht. An dieser Stelle würden wir Verhältniswörter (z. B. „auf") verwenden. Dem Verb **aur**/**iwâr** wird ein besitzanzeigendes Fürwort (jedoch nicht das besitzanzeigende Fürwort für Verwandte) nachgestellt:

Iwâr ahi ed sheñshegh tâdjella.
es-war-auf mir ZUK ich-kaufe Brot
Ich muss Brot kaufen.

Iwâr ahi ed akkêgh!
es-war-auf mir ZUK ich-gehe
Ich muss jetzt gehen!

Um „müssen" auszudrücken, kombiniert man auch das Hauptwort **eshshîl** (Notwendigkeit) mit dem besitzanzeigenden Fürwort.

Eshshîl nenegh en nesîkel shik.
Notwendigkeit unser ZUK wir-reisen schnell
Wir müssen uns beeilen.

Das deutsche „dürfen" kann im Tuareg auf zwei verschiedene Weisen ausgedrückt werden. Die erste Möglichkeit bietet das Verb **–/ismâkh** (es war erlaubt), welches eigentlich nur in dieser Form vorkommt. Dieses Verb wird mit den besitzanzeigenden Fürwörtern kombiniert.

Ismâkh ahi ed akkêgh Belma.
es-war-erlaubt mein ZUK ich-gehe Bilma
Ich darf nach Bilma fahren.

Ähnlich kann **–/arûw** (es war möglich) verwendet werden. Ihm folgt das besitzanzeigende Fürwort, darauf das Verhältniswort **s** (von), die Zukunftspartikel **ed** und das Hauptverb im Imperfekt.

Arûw ahi ed ensegh dîhâdegh?
möglich mein ZUK ich-schlafe hier
Darf ich hier schlafen?

Fragen

Zusätzlich kann man die Rückversicherungsfloskel **migh bo** *(oder nicht) anhängen.*

Die zusammengesetzten Fragewörter werden im Folgenden wie ein feststehender Ausdruck behandelt,.

Entscheidungsfragen, also Fragen, die man mit Ja oder Nein beantworten kann, bildet man im Tuareg wie im Deutschen durch Anheben des Tons am Satzende. Die Satzstellung ändert sich dadurch nicht.

Mûsa ôs(a) ed.
Musa er-kam hierher
Musa ist gekommen.

Mûsa ôs(a) ed?
Musa er-kam hierher
Ist Musa gekommen?

Midden eglen, migh bo?
Männer sie-gingen, oder nein
Sind die Männer gegangen?

Ergänzungsfragen, auf die man nur mit einem vollständigen Satz antworten kann, werden mit Fragewörtern gebildet.

mi?	wer?
ma?	was?
emmi?	wann?
wa-n-emmi?	seit wann?
har emmi?	bis wann?
ma-n-ekêt?	wie viel?
indêk awa s?, ma-n-éwên?	wie?
ma fell?	warum?
indê?	wo?
(m)indê-s-ed?	woher?
(m)indê-s?	wohin?

Mi (i)llân alam wâ-degh?
wer sie-hatten Kamel welches hier
Wem gehört dieses Kamel?

Ma môs?
was es-war
Was ist das?

Ma-n-éwên nek?
was-von-Zustand dein
Wie geht es dir?

Ma-n-ekêt, atudj ennît?
wieviel, Preis sein
Wie viel kostet das?

Ihanan nnek, indê (e)d illân?
Zelte deine, wo hier sie-waren
Wo wohnst du?

Die Fragewörter, wie **ma?** *(was?) und* **mi?** *(wer?), stehen im Tuareg prinzipiell am Satzanfang. Jedoch können längere Fragewörter wahlweise auch an das Satzende gestellt werden.*

Verneinung

Nein heißt **bo,** Verben werden mit vorangestelltem **wer** (nicht) verneint.

bo, kala (H)	nein	**wer**	nicht

Elmustafa wer (e)d ôsa.
Mustafa nicht hier er-kam
Mustafa ist nicht gekommen.

Hier allerdings gibt es manchmal Ausnahmen: Genau genommen hält das Tuareg-Verbsystem für jedes Verb auch ein passendes verneintes Verb bereit. Der Unterschied zu der nicht verneinten Verbform ist minimal. Selbst dort, wo es einmal einen erkennbaren Unterschied gibt (wie z. B. im folgenden Beispiel bei dem Verb „heiraten") wird man trotzdem verstanden.

Verneinung

Die verneinten Verbformen werden in den Beispielsätzen zwar richtig wiedergegeben, aber in den Wörterlisten nicht aufgelistet. Übrigens ist es im Tuareg sehr verbreitet, eine Frage verneint zu formulieren.

Nek iz̲lâfegh.
ich bin-verheiratet
Ich bin verheiratet.

Nek wer iz̲lêfegh.
ich nicht bin-nicht-verheiratet
Ich bin nicht verheiratet.

Wer tenhâyed Mûsa?
nicht du-sahst Musa
Hast du Musa gesehen?

Folgt auf die Verneinungspartikel **wer** (nicht) ein **l,** so wird **wer** zu **wel:**

Wel lêd esînk?
nicht ihr-hattet Essen
Was haben Sie denn so zu Essen?

Um Verbote auszudrücken, z. B. „geh nicht!"/ „hab nicht!", bedient man sich der Vergangenheitsform des Verbs. Davor wird ebenfalls das verneinte unbestimmte Fürwort **wer** (nicht) gesetzt.

Wer teglid!
nicht du-gingst
Geh nicht!

Nek dektero, wer teksôded!
ich Arzt, nicht du-hattest-Angst
Ich bin Arzt, keine Angst!

Hier noch einmal die Rückversicherungsfloskel, die immer eine positive Antwort erwartet.

Abarîd djir dihad et Téfedest ferôr, migh bo?
Weg zwischen hier und Tefedest einfach, oder nein
Ist der Weg nach Tefedest einfach?

Wird ein anderer Satzbestandteil als ein Verb verneint, bedient man sich des unbestimmten Fürwortes **weddigh** (nicht):

Weddigh dagh adjelmam iman nit!
nicht(doch) in Guelta Seele sein
Nicht in das Guelta!

Nek almânî, weddigh inglîzi.
ich Deutscher, nicht Engländer
Ich bin Deutscher und kein Engländer.

Âman iman *(Wasser ist Leben) sagt das bekannteste Tuareg-sprichwort. So dürfen Wasserspeicher im Felsen (Gueltas) nicht verschmutzt werden, indem man sich die Hände darin wäscht oder sogar badet!*

Zahlen & Zählen

Im Tuareg werden die Zahlen auf zwei verschiedene Arten geschrieben. Entweder mit den uns bekannten Ziffern oder unter Verwendung der Ziffern, wie sie die Araber benutzen. Es gibt für jede Zahl von 1 bis 10 eine männlich und eine weibliche Variante.

	m	w		m	w
0	**ilem**	**ilemet**			
1	**iyen**	**iyet**	6	**sedis**	**sedîset**
2	**essîn**	**senâtet**	7	**essa**	**essâhet**
3	**kerad**	**kerâdet**	8	**ettâm**	**ettâmet**
4	**okkoz**	**okkôzet**	9	**tezza**	**tezzâhet**
5	**semmus**	**semmûset**	10	**meraw**	**merawet**

Bei normalen Aufzählungen (z. B. „eins, zwei, drei ...“) wird die männliche Variante der Zahl verwendet.

Die Zahlen von 10 bis 19 werden aus dem männlichen Zahlwort für zehn **(meraw)** *und den männlichen Einern gebildet. Sie werden durch ein* **ed** *(und) verbunden, welches vor Zahlen immer zu einem* **d** *verkürzt wird. Als Erstes steht immer die Zehnerzahl.*

10	**meraw/temerwîn** *zehn(m)/zehne(w)*
11	**meraw d iyen** *zehn(m) und eins(m)*
12	**meraw d essîn** *zehn(m) und zwei(m)*
13	**meraw d kerad**
14	**meraw d okkoz**
15	**meraw d semmus**
16	**meraw d sedis**
17	**meraw d essa**
18	**meraw d ettâm**
19	**meraw d tezza**

Das Zahlwort richtet sich nach dem grammatischen Geschlecht des gezählten Hauptwortes. Das Hauptwort wird ohne ein weiteres Wort der Zahl nachgestellt und steht normalerweise in der Mehrzahl:

Die Mehrzahlform von 10 heißt **temerwîn** *und ist weiblich. Aus diesem Grund wird zur Bildung von 20, 30, 40 bis 90 das weibliche Zahlwort der verwendet. Dazu wird die weibliche Einerzahl vor* **temerwîn** *ohne ein weiteres Bindewort gestellt.*

okkôzed temerwîn d semmus medden
vier(w) Zehne(w) und fünf Männer
45 Männer

20	**senâtet temerwîn**	*zwei(w) zehne(w)*
30	**kerâdet temerwîn**	*drei(w) zehne(w)*
40	**okkôzet temerwîn**	*vier(w) zehne(w)*
50	**semmûset temerwîn**	
60	**sedîset temerwîn**	
70	**essâhet temerwîn**	
80	**ettâmet temerwîn**	
90	**tezzâhet temerwîn**	

okkôzet temerwîn d semmus
vier(w) Zehne(w) und fünf
fünfundvierzig

Das Zahlwort für 100 heißt **témédé/timad** und ist sowohl in der Einzahl als auch in der Mehrzahl weiblich. Es gibt keine männliche Form für 100. Die Hunderter werden durch das weibliche Zahlwort und dem Mehrzahlwort für hundert **(timad)** gebildet:

Zusammengesetzte Zahlen werden gebildet, indem man ein **d** *(und) zwischen Hunderter, Zehner und Einer einfügt. Als Einer werden die männlichen Zahlwörter verwendet.*

100	**témédé/timad** *hundert(w)/hunderte(w)*
200	**senâtet timad** *zwei(w) hunderte(w)*
300	**kerâdet timad**
400	**okkôzet timad**
500	**semmûset timad**
600	**sedîset timad**
700	**essâhet timad**
800	**ettâmet timad**
900	**tezzâhet timad**

kerâdet timad d essâhet temerwîn d iyen
drei(w) hunderte(w) und sieben(w) zehne(w) und eins(m)
371

Das Zahlwort für 1000 ist in Ein- und Mehrzahl männlich. Die Einer richten sich im Geschlecht nach den Tausendern und werden als männliches Zahlwort vor die Tausender (**idjîmâm,** Mz) gesetzt.

*Das Anfangs-***i** *von* **idjîmâm** *entfällt in den Zusammensetzungen.*

1000	**adjim/idjîmâm** *tausend(m)/tausende(m)*
2000	**essîn (i)djîmâm** *zwei(m) tausende(m)*
3000	**kera<u>d</u> (i)djîmâm**
4000	**okkoz (i)djîmâm**
5000	**semmus (i)djîmâm**
6000	**sedis (i)djîmâm**
7000	**essa (i)djîmâm**
8000	**ettâm (i)djîmâm**
9000	**tezza (i)djîmâm**

adjim d iyen
tausend(m) und eins(m)
1001

essîn (i)djîmân d semmus timad
zwei(m) tausende(m) und fünf(w) hunderte(w)
2500

Größere Zahlen werden mit Hilfe des Bindewortes **n** *(von) gebildet. Es wird wie unser „mal" verwendet.*

11.000	**meraw d iyen n adjim** *zehn(m) und eins(m) von tausend*
20.000	**senâtet temerwîn n adjim** *zwei(w) Zehner(w) von tausend*
100.000	**témédé n adjim** *hundert von tausend*
1.000.000	**adjim n adjim oder elmilyûn** *tausend von tausend oder Million*
10.000.000	**meraw elmilyûn** *zehn(m) Million*
1 Mia.	**melyâr** *Milliarde*

Ordnungszahlen

Die Ordnungszahlen werden aus den Grundzahlen in Verbindung mit den entsprechenden männlichen oder weiblichen relativen Fürwörtern der Einzahl gebildet. Sie richten sich im Geschlecht nach dem vorangehenden Hauptwort. Zwischen relativem Fürwort und Zahlwort wird ein **n** (von) eingefügt:

wa-n essîn	**ta-n senâtet**
welcher-von zwei(m)	*welche-von zwei(w)*
der zweite	die zweite

Eine Ausnahme bilden „der/die erste", welches mit **ézzaren/tézzaret** (vorangehend/vorangehende) und mit **ilkemen/ilkemet** (letzter/letzte) gebildet wird. Zwischen relativem Fürwort und Zahlwort wird kein **n** (von) eingefügt:

wa ézzaren	**ta tézzaret**
welcher er-ist-vorangehend	*welche sie-ist-vorangehend*
der erste	die erste
wa ilkemen	**ta ilkemet**
welcher letzter(m)	*welche letzte(w)*
der letzte	die letzte
akal wa-n semmus	**ṯâmeṯ ta-n senâtet**
Stadt welche-von fünf(m)	*Frau welche-von zwei(w)*
die fünfte Stadt	die zweite Frau

In beiden Fällen kann die Ordnungszahl mit einem Hauptwort verknüpft werden. Dieses steht vor der Ordnungszahl.

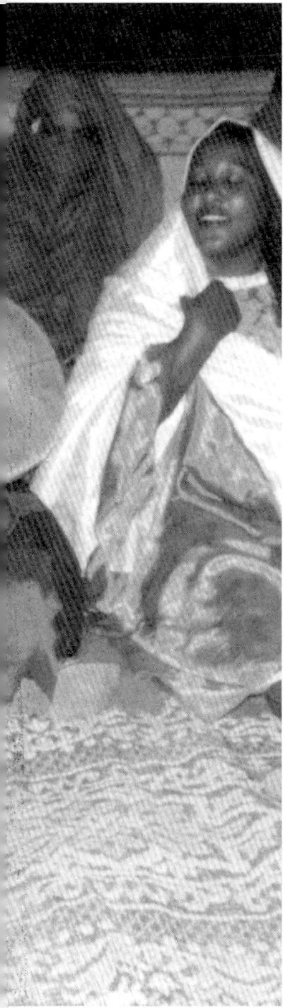

Kurz-Knigge

Im Allgemeinen hat man auch bei mittelgroßen Tritten in diverse Fettnäpfchen eine Art Exotenbonus, der viel Nachsicht mit sich bringt. Auf der anderen Seite gehören die Saharaoasen zu den abgelegensten Gebieten der islamischen Welt, und die Anwesenheit von Europäern war oft von einem latenten Fremdenhass begleitet.

Die Tuareg leben in einer muslimischen Gesellschaft, in der der Konsum von **Alkohol** verboten ist. In der Öffentlichkeit Alkohol zu trinken oder sich angetrunken zu zeigen ist ein schwerer Fehltritt.

Im **Ramadan** fasten die allermeisten Tuareg vom Beginn der Dämmerung bis zum Sonnenuntergang. Sie essen nichts, trinken und rauchen nicht. Nichtmuslimen ist es in dieser Zeit zwar nicht verboten, etwas zu sich zu nehmen, jedoch sollte man dies nicht in der Öffentlichkeit tun. Die Tuareg essen prinzipiell nicht in der Öffentlichkeit, da dies bedeuten würde, Fremden Nase und Mund zu zeigen, was bei vielen Tuareg als verpönt gilt.

In ganz Westafrika und auch bei den Tuareg sind übrigens **Magenwinde** und ihre akustischen wie gerüchlichen Begleiter verpönter als in Europa.

Die **linke Hand** dient zur Reinigung und gilt als unrein. Man sollte sie daher nicht zum Grüßen und Essen verwenden und auch keine Geschenke mit ihr überreichen oder entgegennehmen.

Am richtigen **Sitz des Turbans** hängt gerade unter älteren Tuareg sehr viel Sozialprestige. An Länge, Material und Wickeltechnik lässt sich einiges über Stand und Herkunft der Träger erkennen. Wenn überhaupt, wollen viele Tuareg nur mit korrekt gewickeltem Schleier fotografiert werden. Und einem Tuareg den Schleier vom Kopf zu reißen, sollte man nur tun, wenn man eh auf dem Weg zum nächsten Chirurgen ist ... . Gerade im Niger tragen viele Tuareg noch Schwerter, und die Scharten darauf zeugen von aktivem Gebrauch.

Die Tuareg achten sehr auf ordentliche **Kleidung** und können ein ohne erkennbaren Grund vernachlässigtes Äußeres von Europäern nicht verstehen. Trotz des heißen Klimas sollte man als Mann lange Hosen und Hemden tragen. Kurze Hosen, T-Shirts, ärmellose Hemden oder sogar freie Oberkörper sind fehl am Platz. Als Frau sollte man jede „offenherzige“ Kleidung meiden und Kleidung tragen, die Knie und Schulter bedeckt hält. Spaghettiträger und herauslugende BHs sind sehr unpassend.

Wenn auch das **Verhältnis von Mann und Frau** bei weitem nicht so streng ist wie in den arabischen Gesellschaften, so sollte man doch vollständig auf Berührungen oder sogar Zärtlichkeiten in der Öffentlichkeit verzichten.

Namen & Anrede

In den arabisierten Gegenden des Tuareggebietes, hauptsächlich in Algerien, Libyen, aber auch im Niger haben sich arabische Namen durchgesetzt, die mehr oder weniger verändert wurden. Aus Muhammad wurde **Mokhamed**, aus Ali wurde **Ghali**, aus Fatima, der Tochter des Propheten, wurde **Fatumata** und aus Aischa **Ghaischatu**. Selten und hauptsächlich unter älteren Tuareg findet man noch traditionelle Namen wie **Bakai, Dassin** oder **Tanesmint.**

Jeder Tuareg weiß, zu welcher ethnischen Gruppe er gehört, sich in der Großfamilie gegenseitig zu unterstützen ist eine Selbstverständlichkeit.

Ein vollständiger Name besteht bei den meisten Tuareg aus dem Namen des Vaters und dem eigenen Namen. **Mokhamed ag Ghali** heißt dann „Mohamed, Sohn von Ghali". „Tochter von" heißt **ult,** so dass **Fatumata ult Bekketa** übersetzt „Fatumata, Tochter von Bekketa" heißt.

Eine ausgesprochene Anredeformel (z. B. „Herr ...") gibt es nicht. Auch gibt es keinen Unterschied zwischen „du" und „Sie". Allerdings werden religiöse Autoritäten, wie Koranlehrer, Lokalheilige und deren Nachkommen, mit der Ehrenbezeichnung **Sherif** abgesprochen, eine Bezeichnung, die im Islam eigentlich nur für die Nachkommen aus dem Hause Mohameds, des Propheten, vorgesehen ist.

Begrüßen & Verabschieden

Begrüßungen bestehen bei vielen Tuareg in der Regel aus einer Anzahl feststehender Formeln, die in festgelegter Reihenfolge oder in loser Mischung vor jedem Gespräch ausgetauscht werden. Manche Gespräche können sogar nur aus diesen Formeln bestehen. Selbst Begrüßungen in französischer Sprache sind oft genug direkte Übersetzungen dieser Formeln. Auch mitten im Gespräch können diese Begrüßungen wieder auftauchen, sei es, um einen abseits Stehenden am Gespräch zu beteiligen oder um eine stockende Unterhaltung wieder in Gang zu bringen.

Unter den Tuareg gibt es einen eigenen, leider aber fast ausgestorbenen Gruß. Hierbei gibt man sich die Hand, greift aber nicht fest zu, sondern berührt sich nur leicht und streicht dabei mit den Fingerspitzen mehrmals über die Innenfläche der Hand des Anderen.

Ma-idjân!
was-war-es-machend
Hallo!

Selâm eghleikum.
Selâm alêkum. (H)
Friede über-euch
Sei gegrüßt! (arab.)

Leikum esselâm.
über-euch der-Frieden
Sei auch du gegrüßt! (arab.)

Ma tolahed?
wie du-warst-ähnlich
Wie geht es dir?

Alkhêr ghâs.
Gutes nur
Danke, gut.

Isalan?
Neuigkeiten
Was gibt's Neues?

Alkhêr ghâs.
Gutes nur
Danke, gut.

Edjôdeyegh.
ich-lobte (gemeint ist: ich lobe Gott dafür)
Danke, es geht.

Ma hâk olah eddesh?/Ma hin ôdo? (H)
was dir es-ähnelte Erschöpfung/was dort Erschöpfung
Bist du müde?

Eddesh ill(a) é! / ôdo idjá (H)
Erschöpfung er-war ihm / Erschöpfung er-machte
Oh ja, ich bin müde!

Als allgemeine Begrüßung wird auch die Frage nach der Erschöpfung verstanden. Wer beispielsweise mit einer Salzkarawane unterwegs ist, ist eigentlich ständig total übermüdet. Deswegen wird Reisen häufig mit Müdigkeit in Verbindung gebracht.

Ar elwaq îyen.
Ar émir îyen. (H)
bis Moment ein
Bis später.

Ar elwaq (îyen)!
bis Zeit (eins)
Bis dann!

Ma-idjân s tadeggât!
was-war-es-machend am Abend
Guten Abend!

Ar tîfaut!
Ar tûfat! (H)
bis Morgen
Gute Nacht!
(zum Schlafengehen)

Alwaq olâghan!
Zeit gut
Schön, Sie kennen zu lernen! *(zum Abschied)*

Asîkel izzuwên!
Reise gut
Gute Reise!

Ar essaghat!
bis Stunde
Auf Wiedersehen!

Floskeln & Redewendungen

Danke heißt auf Tuareg **tannemert.** Bei den Tuareg ist das Bitte-Danke-Spiel nicht ganz so verbreitet wie bei uns in Mitteleuropa. So gilt es zwar als höflich, sich zu bedanken, wenn man in einem städtischen Teehaus einen Tee bestellt, jedoch kann man in ländlicher Umgebung auch schon mal verwundert angeguckt werden, wenn man sich beim Kellner bedankt.

danken

Wenn man sich für einen ganz großen Gefallen bedanken möchte, wiederholt man das Wort **tannemert** *viermal!*

Tannemert!
Danke!

Tannemert ennek!
danke dein
Ich danke dir!

Diese Floskel kann auch verwendet werden, wenn man jemanden um einen Gefallen bittet, z. B.:

Tannemert nek hullan hullan!
danke dir viel viel
Vielen Dank!

Tannemert nek keda!
danke ich auch
Keine Ursache!

Die alltäglichen Floskeln, die im Umgang miteinander verwendet werden, lassen sich meist nie wörtlich in eine andere Sprache übertragen, hier sind die wichtigsten, die man kennen sollte.

sich entschuldigen

Ansh ahi d!
verzeih! mir hier
Verzeih mir bitte!

Surf ahi! (H)
verzeih! mir
Verzeih mir bitte!

Eine Antwort auf „Verzeihung" zu geben, ist nicht üblich.

staunen

Wer t iflêẕegh!
nicht es ich-glaubte
Unglaublich!

(I)hânneyeq q es tettawîn in.
ich-sehe(INT) es nach Augen mein
Ich hab's mit eigenen Augen gesehen.

Ausrufe

Yâ Messînegh!
oh Herr-unser
Großer Gott!

Ewalla!
ja
Genau! Richtig! So ist es!

wünschen

Bismillahi! *(arab.)*
im-Namen-Gottes
Auf! Frisch an's Werk! Lasst uns beginnen!

Diese Formel wird immer verwendet, wenn man eine neue Sache beginnt, sei es Arbeit oder Vergnügen. Die gleiche Formel heißt also auch je nach Begebenheit:

Bismillahi! *(arab.)*
im-Namen-Gottes
Guten Appetit! / Prost!

Die Bedeutung „Prost" gilt natürlich nur für nichtalkoholische Getränke. Den Namen Gottes zu erwähnen, während man Alkohol trinkt, wäre keine gute Idee!

Tekshêd dagh alkhêr!
du-aßest im Guten
Guten Appetit!

In sha Allah! (arab.)
wenn er-wollte Gott
So Gott will! (auch:) Wenn alles klappt! Hoffentlich! Ja!

Diese Floskel ist in Europa als Inbegriff orientalischer Unzuverlässigkeit bekannt geworden. Sie wird verwendet, wenn man über irgendetwas spricht, was in der Zukunft passieren soll (z. B. „morgen werden wir in Agadez ankommen, in sha Allah"). Dahinter steckt ein ganz tiefes muslimisches Verständnis, dass allein Gott für die Zukunft verantwortlich ist. Die vielen Unwägbarkeiten im Leben bestätigen diese Überzeugung. Im Prinzip kann man die Formel mit „ja" übersetzen.

zustimmen & ablehnen

Ewalla. / Ayó. (H)
Ja.

Kala. / Wâlu. (H)
Nein.

Kay (H: kayyunan) **lêd tîdet.**
du du-hattest Wahrheit
Du hast Recht.

Kay (H: kayyunan) **wer telêd tîdet.**
du nicht du-hattest Wahrheit
Du hast nicht Recht.

Arhêq q hullan!
ich-mochte es sehr
Mit Vergnügen!

Dagh ahâk alwaq.
in allen Zeit
Jederzeit.

Awa tarhêd.
Awa tarêd. (H)
wie-auch-immer du-mochtest
Wie du möchtest.

Fô!
Niemals!

Nek (H: nekkunan) **ardêgh.**
ich ich-stimmte-überein
Ich stimme dem zu. / Einverstanden.

Nek (H: nekkunan) **wer ardêgh.**
ich nicht ich-stimmte-überein
Ich bin nicht einverstanden.

La bas. (arab.)
kein Ärger
O. K.

Iknâ. (H)
es-ist-gemacht
O. K.

Alkhêr ghâs.
Gutes nur
O. K. Alles in Ordnung. Mir geht es gut.

Lâ khauli ... (arab.)
keine Macht ...
Mist!

Diese Worte sind Teil einer längeren arabischen Formel, die gesprochen wird, wenn etwas nicht gelingt oder besonders schwierig ist. Vollständig heißt sie (im Arabischen): lâ khaula wa lâ quwwata illâ billâh und heißt „es gibt keine Macht und keine Stärke außer bei Gott".

Das erste Gespräch

Beim ersten Kontakt begegnen viele Tuareg dem Fremden auf eine sehr würdevolle, stolze und gefasste Weise. Einem Fremden Mund und Nase zu zeigen, gilt als unschicklich, so dass viele Tuareg bei der ersten Begegnung zuallererst den Sitz des Turbans korrigieren.

Mindê-s ed (te)fâled?
Mine-s ed faled? (H)
woher hier du-kamst
Woher kommst du?

Mindê-s tekked?
Mine-s têkked? (H)
wohin du-gehst
Wohin gehst du?

Fâlegh ed Almânia.
ich-kam hier(her) Deutschland
Ich komme aus Deutschland.

Nek Almânî / Almânîya.
Nekkunan Almânî / Almânîya. (H)
ich Deutscher / Deutsche
Ich bin Deutscher / Deutsche.

Kay tessâned tamâshaq hullan.
Kayyunan tessâned tamahaq hullan. (H)
du du-weißt(INT) Tuareg sehr
Du sprichst gut Tuareg.

Assîwelegh tamâshaq antekken antekken ghâs.
Assîwelegh tamahaq andukken andukken ghâs. (H)
ich-sprach Tuareg etwas etwas nur
Ich spreche nur ein wenig Tuareg.

Indêk isem ennek?
Minek isem ennek? (H)
wie Name dein
Wie heißt du?

Isem în ...
Name mein ...
Ich heiße ...

Manekêt (î)wetyân nek?
wieviel Jahre deine
Wie alt bist du?

Nek (nekkunan) **îwetyân în senâtet temerwîn n awetây ed semmus.**
ich Jahre meine zwei Zehner von Jahren und fünf
Ich bin 25 Jahre alt.

Das erste Gespräch

Auch wenn in den deutschen Übersetzungen die „Du"-Anrede übernommen wird, bedeutet das nicht, dass dies respektlos gemeint ist.

Ma tekhdâmed?
was du-arbeitetest
Was arbeitest du?

Nek ettalmîs̲/tettalmîs̲t.
ich Student/Studentin
Ich bin Student/in.

dektero	Arzt
anâkhdim/inâkhdamân	Arbeiter
aw-âdem wa ikannen elkarhaba	Automechaniker
aw-âdem wa-n (i)fardjân	Bauer
eshshofêr	Fahrer
anesbarîd	Führer
wa-n (i)salan	Journalist
kuseini	Koch
eshshîkh/eshshîkhen	Lehrer (Koranschule)
wa-n imedjdjared	Übersetzer
aw-âdem n elbuteki	Verkäufer
ettalmîs̲ / tettalmîs̲t	Student/in

Teddîwed?
du-warst-glücklich(w)
Bist du verheiratet?

Eddîwegh.
glücklich-war-ich
Ich bin verheiratet.

Kay tedjêd éhen?
Kayyunan tedjêd éhen?
du du-machtest Zelt
Bist du verheiratet?

Nek wer edjégh éhen.
ich nicht ich-machte Zelt
Ich bin nicht verheiratet.

(Te)lêd ilyaden? / Lîd arrawen? (H)
du-hattest Kinder
Hast du Kinder?

Lîgh îyen n arraw / îyet n tarrawt.
ich-hatte eins(m) von Sohn /eins(w) von Tochter
Ich habe einen Sohn / eine Tochter.

Ma (e)dja ṯâmeṯ ennek?
was sie-machte Frau deine
Was macht eigentlich deine Frau?

Inta telêgh ilyaden.
sie sie-versorgte Kinder
Sie kümmert sich um die Kinder.

Gharren dagh lékul.
sie-besuchten in Schule
Gharren dagh téghéré ta-n lékol. (H)
sie-besuchten in Bildung welche-von Schule
Gehen sie zur Schule?

Wa maqqoren ihâ lañternat wa-n Tamañghaset.
welcher alt er-ist-in Internat welches-von Tamanrasset
Der Älteste geht ins Internat von Tamanrasset.

Ti haḏnîn eqqîmnet ghor anna nesnet.
Ti hadnîn eqqîmnet ghor ma-s-net. (H)
welche andere(w) (sie(w)-)sitzen bei Mutter ihre(w)
Die anderen (Mädchen) sind bei ihrer Mutter.

Ma kânnenet?
was sie(w)-machen(INT)
Was machen sie?

Edannet éghéyden tawéynet iséghiren.
sie(w)-hüten Schafe sie(w)-bringen Feuerholz
Sie hüten Schafe und sammeln Feuerholz.

Idjrâz ak Eddezayer?
es-gefiel dir Algerien
Gefällt dir Algerien?

Eyo ghaim issu âtai (H: ashâhi)**!**
komm sitz trink Tee
Komm, setz dich und trink einen Tee!

Tannemert nek (H: nekkunan) **téklé adjdjér.**
danke ich (das-)Gehen nötig
Danke, ich muss gehen.

Tehuled în Fatumata!
du-grüßtest dort Fatumata
Viele Grüße an Fatumata!

Zu Gast sein

Bei den Tuareg zu Gast zu sein, ist sicherlich eine der direktesten und angenehmsten Möglichkeiten, ihre Kultur kennen zu lernen. Gerade im Niger sind viele Tuareg - auch Frauen - sehr offen und neugierig.

Eine bedeutende Rolle hat bei jeder Einladung die Teezeremonie. Hier wird ein äußerst starker grüner Tee sirupartig gesüßt und auf komplizierte Weise aufgeschäumt.

Kay, manekêt eshsheghel ennek?
Kayyunan, manekêt elkhedmat ennek? (H)
du, wieviel Arbeit deine
Was arbeitest du eigentlich?

Awetay wâgh edjrâwegh elkhedmat ghor ettûrisen (H: kûfar)**.**
Jahr dieses ich-fand Arbeit bei Touristen
In diesem Jahr habe ich eine Arbeit im Tourismus gefunden.

Teswed tâba? / Sâssed tâba? (H)
du-trinkst Tabak / du-trinkst(INT) Tabak
Rauchst du eigentlich?

Ewalla! Ekf ahi d arat en tâba!
Ayó! Ekf ahi d haret en tâba! (H, N)
ja, gib mir her Sache von Tabak
Ja, gib mir bitte etwas Tabak.

Zu Gast sein

Um den Tee ranken sich zahlreiche Sprichwörter, und guten Tee zuzubereiten, gehört zu den wichtigsten Kulturtechniken der Tuareg.

Uksad alkasen!
Achtung Gläser
Achtung, die Teegläser!

Aldashegh dimardegh, ar tîfaut.
Eddashegh dimagh, ar tûfat. (H)
ich-bin-ermüdet jetzt, bis Morgen
Ich gehe jetzt schlafen, gute Nacht!

Familie

addûnet/addûnetîn	Großfamilie
éghêwen	Familie
abba n abbânin/abbaten wi washshaghanîn	Großvater
anna n annânin	Großmutter
abba/abbaten	Vater
anna	Mutter
alyad/ilyaden; arraw/arrawen (Aj)	Sohn
tarrawt/tarrawen; tâlyad/tîlyadîn; tabarart (N)	Tochter
amadrai	Bruder
tamadrait/timadrayen	Schwester
amadrai n annânin; ashaqqar n annânin (N)	Onkel (mütterl.)
amadrai n abbânin/ imadrayen n abbânin; âña/âñaten (M, N); barar/bararen (N)	Onkel (väterl.)
tamadrait n annânin/ timadrayen n annânin	Tante (mütterl.)

tamadrait n abbânin/ timadrayen n abbânin	Tante (väterl.)
adaggal/îdûlân	Schwager
tadaggalt	Schwägerin
tanâzlaft	Braut
anazlâf	Bräutigam
addûnet/addûnetîn	Leute
anharadj/anharadjen	Nachbar

Inta abba hin.
er Vater mein
Das ist mein Vater.

Zeit & Kalender

Für die traditionellen Tuareg hat Zeit an sich keinen Wert. Das Wort **essaghat/ essaghatén** für „Stunde" und **daqiqa/ daqiqatén** für „Minute", ja selbst das Tuaregwort **alwaq** für „Zeit" stammen aus dem Arabischen. Mit der Ankunft der Franzosen kehrte die Sekunde **(sekoñd)** in den Sprachwortschatz der Tuareg ein. Viel wichtiger als die Uhrzeit ist es, die Tageszeit angeben zu können, denn der Lauf der Sonne mit ihrer Hitze und die Nacht mit Kälte und Dunkelheit bestimmen eigentlich den Tagesablauf der traditionellen Tuareg.

Tageszeit

elfedjur	Morgenröte
tarut	später Vormittag bis früher Nachmittag
takellaut	Zeit, in der die Mittagsrast begonnen wird
tadwit	Zeit, in der die Mittagsrast beendet wird
tadeggat	Nachmittag
âlmez	Sonnenuntergang
tisûṯsîn	3-4 Stunden nach Sonnenuntergang
ehoḏ	Nacht
tessessenkert	letztes Drittel der Nacht (Aufbruchzeit für Karawanen)

allgemeine Zeitangaben

ishwâr	bald
fô	nie
alwaq alwaq	manchmal
dagh ezzamân	früher
ar elwaq îyen	später
edjôd	jetzt
harkûk	ständig
wer idjit	selten
idjit	oft
enḏ ahel *letzter Tag*	gestern

ahel wâ-regh *Tag welcher-hier*	heute
ehod̲ wâ-regh *Nacht welche-hier*	heute Nacht
tîfaut; tûfat (H)	morgen
ahel în sel tîfaut *Tag dort außer morgen*	übermorgen
ahel în sel end̲ ahel *Tag dort außer letzter Tag*	vorgestern

Monate

Früher wurden die Monate in Anlehnung an den arabisch-islamischen Mondkalender gezählt, wobei jeder Monatsname einen Tuaregnamen trug. Durch den Kontakt mit den französischen Kolonialherren haben sich zunehmend die aus dem Französischen entlehnten Monatsnamen durchgesetzt.

tâllit/tîlél	Monat
innâr	Januar
fôrâr	Februar
mars	März
îbri	April
mayiw	Mai
yunioh	Juni
yuliw	Juli
ghushshet	August
shetenber	September
tôber	Oktober
wanbêr	November
dejanbêr	Dezember

Die Monatsnamen sind bei weitem nicht immer jedem Tuareg bekannt!

Wochentage

Die Wochentage stammen aus dem Arabischen, wo sie – beginnend mit dem Montag – „der Zweite, der Dritte, der Vierte, der Fünfte, Tag des Freitagsgebetes, der Siebente, der Erste heißen.

lîtni	Montag
ettenâta	Dienstag
enarba	Mittwoch
elghemis	Donnerstag
eldjemet	Freitag
essebet	Sonnabend
elkhed	Sonntag

Liebe, Flirt & Komplimente

Im Gegensatz zu den meisten nahöstlichen Gesellschaften sind sowohl Tuaregmänner als auch Frauen sehr selbstbewusst. Frauen gehen nicht nur auf Frauen zu und unterhalten sich mit ihnen, sondern gehen auch auf Männer zu, was im Nahen Osten die absolute Ausnahme ist. Das Gleiche gilt auch für Männer in Bezug auf Frauen. Frauen gelten als Wahrerinnen von Kunst, Dichtung und Tradition und sind hochgeehrt.

Im Niger und Mali gibt es für die jungen Tuareg eine Art Wüstendisko, das „Ahal“, eine literarisch-musikalische Runde am Abend, in deren Schatten auch die Liebe gedeiht.

Nek (H: nekkunan) **arhêq qay!**
ich ich liebte dich(m)
Ich liebe dich! (zu einem Mann)

Nek (H: nekkunan) **arhêq qem!**
ich ich-liebte dich(w)
Ich liebe dich! (zu einer Frau)

Die folgenden Komplimente sind eher üblich, und es ist nichts Anstößiges dabei, auf diese Weise zu sagen, dass man einander nett findet.

Kay téhôskeyet.
Kayyunan téhôséyéd. (H)
du(m) schön
Du siehst gut aus. (zum Mann)

Kay abarad!
Kayyunan abarad! (H)
du(m) Held
Du bist ein Held! (zum Mann)

Kam téhôskeyet.
Kammunan téhôséyéd.
du(w) schön(w)
Du bist schön. (zur Frau)

Kam tolâghed.
Kammunan tolâghed. (H)
du(w) gut(w)
Du bist prima. (zur Frau)

Unterwegs

Mietautos sind im Tuaregraum der Sahara weitgehend unbekannt. Die Versorgung mit Treibstoffen beschränkt sich auf die großen Oasensiedlungen und ist von Land zu Land unterschiedlich. Verbleites Benzin und Diesel gibt es in Algerien sehr billig an regulären Tankstellen. Im Niger übernehmen Straßenhändler mit Treibstofffässern aus Nigeria die Funktion von Tankstellen. Die Ersatzteilversorgung beschränkt sich im Wesentlichen auf alte Toyota Land Cruiser, dem Saharafahrzeug schlechthin.

Himmelsrichtungen

Himmelsrichtungen mit Namen zu benennen, ist bei den Tuareg nicht sehr verbreitet. Die meisten Tuareg zeigen mit der Hand in die Richtung, die sie meinen, ohne diese jedoch mit Namen zu benennen. Fragt man weiter, so bekommt man wechselnde Antworten, die dann auch noch regional verschieden sind. So ist es nicht sinnvoll, sich allein auf diese Namen zu verlassen.

Ich möchte ausdrücklich davor warnen, sich ausschließlich auf die hier gesammelten Himmelsrichtungen zu verlassen!

In der Gegend um Tamanrasset sind folgende Himmelsrichtungen bekannt:

ataram	Norden	**âdjwi**	Süden
elqablet	Osten	**imeynedj**	Westen

mit dem eigenem Fahrzeug

tazezdjert dagh akal *Ausfahrt in Land*	Ausfahrt
êshâkma	Auspuff
azuba<u>d</u>/itizuba<u>d</u>	aussteigen
tôraft/tôrfîn (M, H); alkarhaba/ alkarhâbaten (A); mauta/mautaten (N)	Auto
âlkar	Autobus
aw-âdim wa ikannen elkarahab *Mensch welcher er-ist-machend(INT) Auto*	Automechaniker
elfrân/frânât	Bremse
buhu/buhutan	Brücke
mess is n elgaradj *Herr sein von Werkstatt*	Chef-Autoechaniker
elgazwal	Diesel
alkhaý/alkhaýen	Dorf
tazûdjest	Einfahrt
înî/îney	einsteigen
eshshufêr	Fahrer
alkard wa-n esîkel/ alkarden wa-n esîkel *Karte welche-von Gehen*	Fahrkarte
mabâr/elmabaren	Flughafen
vitês; elvitês	Gang (Auto)
ilalan; kaya (H)	Gepäck
ihadem n akal; alkhudûd *Grenze von Land*	Grenze

Es gibt eine kleine, aber sehr umtriebige Gemeinde von Selbstfahrern, die mit eigenem Fahrzeug, guten Karten, GPS und sogar Satellitentelefon ausgerüstet sind und sich von lokalen Führern weitgehend unabhängig gemacht haben. Andere würden nie auf die Auskunft von einheimischen Tuareg verzichten wollen.

édeg wa-n tôrfîn *Ort welcher-von Autos*	Haltestelle
klaksoñ	Hupe
essunduq/essunduqen	Koffer
radiatör	Kühler
eñbrayâsh	Kupplung
antekken	langsam
djâk; mauta n tankart (N) *Auto von Transport*	Lastkraftwagen
elmodor	Motor
ezzêt, ûdi	Öl
elbômba	Pumpe
talakât	Rad
âdjenna	Regen
shîk (M, Dj); termad (H)	schnell
âseyar	Schrauben-schlüssel
âghrem/egharmân; akal/akallen (A, D)	Stadt
âmas n aghrem/ émasen n aghrem; âmas n akal/ émasen n akal (DJ) *Viertel von Stadt*	Stadtviertel
lêsañs wa yôlaghen *Benzin welche gut*	Superbenzin
édeg wa-n lêsañs *Ort welcher-von Benzin*	Tankstelle
aksidañ; anmedjishin	Unfall
ôkozt/ôkozin	Versicherung
elgarâdj	Werkstatt
âdu	Wind

étaghas	Ebene mit festem Sand
étaghas maqqôren hânet t tiwarayîn *Ebene groß in-ihr-waren sie kleine-Steine*	Ebene mit kleinen Steinen
elkem; abâlaq	Feinsand
akal andarran *Land felsig*	felsiges Gebiet
tislêlit	steinbedeckte Ebene
éghashar/ighishrân; éghahar/ighâhrân (H)	Wadi (wasserloses Flussbett)

Indêk abarîd es Djânet?
Minek abareqqa es Djânet? (H)
wo Weg nach Djanet
Wo ist der Weg nach Djanet?

Egel ténéré ta mellet berin tedrârîn mellelnîn!
geh Ebene welche weiß(w) nach Berge weiß(Mz)
Fahr durch die helle Ebene an der Seite der weißen Berge entlang!

Djir diregh ed Djanet, manekêt (i)shîlân/ essaghaten?
zwischen hier und Djanet, wieviel Tage/Stunden
Djir digh ed Djanet manekêt (i)hadan/ essaghaten? (H)
zwischen hier und Djanet, wieviel Nächte/Stunden
Wie lange fährt man von hier nach Djanet?

Bisweilen wird von Nächten gesprochen, wenn es um Reisezeiten geht. Die traditionellen Tuareg reisten im Sommer hauptsächlich nachts, um der Hitze zu entgehen.

Kerad (i)shîlân kud Toyota, kud tesôkaled sullan, okkoz.
drei Tage wenn Toyota, wenn du-reistest langsam, vier
Kerad (î)hadân full elkarhaba, kud tesôkaled sullan, okkoz. (H)
drei Nächte auf Auto, wenn du-reistest langsam, vier
Mit dem Geländewagen drei Tage, wenn du langsam reist, vier.

Illân-t âman dagh abarîd (H: abaraqqa)**?**
sie-waren-ihm Wasser in Weg
Gibt es auf dem Weg Wasser?

Abarîd yolâghen?
Weg gut
Ist der Weg gut?

Abaraqqa yéhôseyen? (H)
Weg schön
Ist der Weg gut?

Abarîd (H: abaraqqa) **ennehîlen migh essôhed?**
Weg leicht oder schwierig
Ist der Weg leicht oder schwierig?

Wer t illên édégen labâsnin dagh abarîd (H: abaraqqa)**?**
nicht er sie-sind Orte schlechte auf Weg
Gibt es unterwegs schwierige Stellen?

Mit Fasch-Fasch ist der Feinsand gemeint, in dem Fahrzeuge stecken bleiben.

Ill(â)-é elkem dagh abarîd?
Ill(â)-ê elekkem dagh abaraqqa? (H)
er-ist-Fasch-Fasch im Weg
Ist der Weg sandig?

Eghedeh ma (e)d olah dagh gazwal?
Agadez wie hier er-war-ähnlich in Diesel
Gibt es in Agadez Diesel zu kaufen?

Manekêt litr(a) (H: elritla) **îyet n gâzwal?**
wieviel Liter ein von Diesel
Wie viel kostet ein Liter Diesel?

Arhêgh anesbarîd îssânen abarîd hullan.
Arêgh anesbarîd îssânen abaraqqa hullan. (H)
ich-mochte Führer er-ist-wissend Weg sehr
Ich möchte einen Führer, der den Weg gut kennt.

mit öffentlichen Transportmitteln

In Nordafrika gibt es ein vergleichsweise gut ausgebautes Busnetz. In den Wüstenregionen der Sahelländer gehören Reisen mit öffentlichen Verkehrsmitteln zu den letzten großen Abenteuern dieser Erde. Hier bedeutet Reisen oft ein tagelanges Schaukeln auf der Ladefläche großer Laster, die über und über mit allerlei Krimskrams behangen sind. Hoch oben thronen dann mehrere Dutzend Reisende. Gefahren wird meist vom Beginn der Morgendämmerung an bis zum frühen Nachmittag. Dann wird gerastet. Mit beginnender Abendkühle fährt man dann bis tief in die Nacht hinein.

Tesôkaled s(e) Egedez?
du-fährst nach Agadez
Fahren Sie nach Agadez?

Jeder Reisende ist vollständig auf seinen eigenen Wasser- und Lebensmittelproviant angewiesen, auch bei unerwarteten Verzögerungen und Pannen. Jede Menge Wasser, Sonnencreme und ein guter Sonnenschutz sind hier notwendig.

Kerâd mêdden es Djânet, tanemmért ennek!
drei Männer nach Djanet, danke dir
Drei Personen nach Djanet, bitte!

Manekêt a<u>z</u>ref (H: arriyal) **n téklé?**
wieviel Preis von Gehen
Wie teuer ist das Fahrgeld?

Ann ahi tannemert ennek har emmi den-efill édeg wâgh?
sag mir danke dir bis wann verlassen Ort diesen
Sagen Sie bitte, wann fahren Sie ab?

En negel dat tefuk.
ZUK wir-gingen vor Sonne
Wir werden vor Sonnenaufgang aufbrechen.

Har-emmi hine newe<u>d</u> Timia?
wann dort wir-ankamen Timia
Wann werden wir in Timia sein?

auf Wandertour mit einem Tuareg als Führer

Auch wenn dem Gedanken, durch die Wüste zu laufen, etwas Absurdes anhaftet, gibt es doch eine Anzahl durch Lage und Schönheit geradezu prädestinierte Wandergebiete. Einige von ihnen – wie das Tassili-Plateau und das Akakus-Gebirge – sind Zentren früherer Felsbildkulturen und zu Nationalparks erklärt worden. Die hier tätigen Führer sprechen oft keine europäische Fremdsprache.

Wer tillâ tôraft es Tadrârt.
Wet till(â)-ê d elkarhaba es Tâdrart. (H)
nicht sie-ist Auto nach Tadrart
Es gibt kein Auto ins Tadrart.

Das Tadrart ist eine sehr bekannte Felsbildgegend im Grenzdreieck Algerien, Libyen, Niger und liegt in Südalgerien.

Abarîd djir dihad et Téfedest ferôr migh bo?
Abareqqa djir dîregh et Téfedest ferôr migh kala? (H)
Weg zwischen hier und Tefedest schwierig oder nicht
Ist der Weg nach Tefedest schwierig oder nicht?

Olghât! / Essôhet! (H)
schwierig
Schwierig!

Ma fell?
was auf
Warum?

Îsûlân ghâs. / Idrâren ghâs. (H)
kleine-Berge nur / Berge nur
Es gibt nichts als Berge.

Ma môs esewwel wâ-degh?
wie er-heißt kleiner-Berg welcher-hier
Ma yemûs adrar wâ-regh? (H)
wie er-heißt Berg welcher-hier
Wie heißt der Berg dort?

Isem ennît Ûl.
Name sein Ûl
Der Berg heißt Ul.

Ûl ist der Name eines Berges im Hoggargebirge. Steigt man zum Assekrem, dem eindrucksvollsten Berg des Hoggar-Massivs, hinauf, kann man den Berg **Ûl,** dessen Name übersetzt „Herz" bedeutet, als Silhouette im Sonnenaufgang bewundern.

Éghashar wa nahhar, hân t addûnet?
Éghahar wa nedjdjer, hân t eddûnet? (H)
Tal welches wir-durchreisen, sie-sind-darin ihm Leute
Gibt es in dem Tal, in dem wir sind, Menschen?

Akâl wîn-degh atasindji migh êtikadên?
Akâl wîn-degh édehi migh iblâlen? (H)
Land da-drüben Feinsand oder Steine
Gibt es in diesem Gebiet Feinsand oder Steine?

Ataram migh afella?
Talabwärts oder talaufwärts?

Esligh tizi (î)yet dagh edrâren wî-degh.
Esligh têhé (î)yet dagh edrâren wî-regh. (H)
ich-hörte Passweg eine in Bergen welche-dort
Ich habe gehört, dass es in den Bergen dort einen Pass gibt.

Eshshîl ânegh en nesîkel shîk (H: hîk)**!**
Notwendigkeit unsere ZUK wir-reisen schnell
Wir müssen uns beeilen!

Ma môs haret wên, éhen migh bo?
Ma yemûs haret wên, éhen migh kala? (H)
was (es-)ist Ding da-drüben, Zelt oder nicht
Was ist das da, ein Zelt?

Inhâyegh aw-âdem (i)yen.
ich-sah Mensch einen
Ich sehe jemanden.

unterwegs mit dem Kamel

Aman illân t, ma terûreded ...
Wasser sie-sind ihm, was du-denkst ...
Aman wi t ellenin, ma terûreded ... (H)
Wasser-welche ihm sie-sind, was du-denkst ...
Was ist das für Wasser, welches wir finden werden, ...

Wasser

... abankor migh adjelmam?
... Brunnenloch-im-Wadi oder Wasserbecken-im-Fels
... ein Wasserloch oder ein Guelta?

Ein Abankor ist ein sehr flaches Wasserloch in einem Trockental.

Bo, tadjirt! / Kala, tadjirt! (H)
nein, Wasserlauf
Oh nein, einen Bach!

Ekf ahi d âman, effûdegh!
gib mir hier Wasser, ich-hatte-Durst
Gib mir Wasser, ich habe Durst!

Waschen

Nek (H: nekkunan) **arhêgh ed sirdagh élem in.**
ich ich-mochte ZUK ich-wasche Haut meine
Ich möchte mich waschen.

Ein Guelta ist ein Wasserspeicher im Felsen, der vom Regenwasser gespeist wird und durch seine schattige Lage nicht so schnell verdunstet.

Weddigh dagh adjelmam imam nit, e d es tedjed essabo!
Udjigh dagh agelmam imam nit, é d es tedjed essabo! (H)
nicht in Wasserloch Seele sein, ZUK hier von du-tust Seife
Nicht im Guelta, du tust Seife hinein.

Achten Sie unbedingt darauf, dass Sie ein Guelta nicht durch Seife, Shampoo, Waschmittel oder Ähnliches verunreinigen!

Der Weg

Indê-s nekkâ âshel dîdegh?
Mani-s nekkâ ahel wâ-regh? (H)
wohin wir-gehen Tag diesen
Wohin gehen wir heute?

Nekkâ berin elqâblet.
wir-gehen Gebetsrichtung
Wir gehen nach Osten.

Elqâblet heißt eigentlich „Gebetsrichtung“. Da das Tuareggebiet ziemlich genau westlich von Mekka liegt, beten die Tuareg nach Osten. Im Niger stellen viele Tuareg, wenn sie nicht in der Moschee beten, vor dem Gebet einen Stein auf, der ihnen als Symbol für die Gebetsnische in der Moschee dient.

Im ganzen westlichen Sahararaum findet man aus Steinen gelegte Wüstenmoscheen, in denen teilweise sogar ein Frauen- und ein Männerbereich voneinander getrennt ist.

Indêt illan alam in?
wo sie-sind Kamel mein
Wo ist mein Kamel?

Âmis in mani-d illa? (H)
Kamel mein wo es-ist
Wo ist mein Kamel?

Inta dâdegh!
er hier
Hier!

Negh wa! (H)
hier welches
Hier!

Wa n tûfat abarîd (H: abareqqa) **olghat.**
welcher von Morgen Weg er-ist-schwierig
Der Weg morgen ist schwierig.

Tûfat hat zwei Bedeutungen. Zum einen heißt es „Morgen“ (also der frühe Tag), zum anderen heißt es aber auch „morgen“ (nicht heute). Man kann „morgen früh“ mit **tûfat s tûfat** (morgen zum Morgen) übersetzen.

Djir diregh es Djanet, manekêt ha<u>d</u>ân?
zwischen hier nach Djanet, wieviel Nächte
Wie viele Tagesreisen sind es zwischen hier und Djanet?

Kud tegled sullan meraw (i)ha<u>d</u>ân ed essa.
wenn du-gehst langsam zehn Nächte und sechs
Wenn du langsam reist, sechzehn Tage.

erschöpft sein **Ekman i ê<u>d</u>aren, aba s addôbegh téklé.**
sie-schmerzen mir Füße, es-ist-nicht-mehr von ich-kann Gehen
Meine Füße tun weh, ich kann nicht mehr laufen!

Sedjen alam (H: âmis) **ennek, ghaim fell as.**
niederknien-lass Kamel dein, sitz auf ihm
Lass dein Kamel niederknien und setz dich drauf!

Ankunft Während bei uns Wüste Inbegriff für Ödnis und Wasserlosigkeit ist und Oase das Gegenteil assoziiert, heißt das Tuaregwort für Wüste **ténéré,** was eigentlich „Ebene" bedeutet und den Gegensatz zu den bewohnten, großen Gebirgen Hoggar, Air und Adghar beinhaltet.

Ebded, en (H: én) **nens dihâdegh** (H: digh)**!**
halte, ZUK wir-schlafen hier
Halt an, wir werden hier bleiben.

Newe<u>d</u> aghrem wa-n Faschi.
wir-erreichten Dorf welches-von Faschi
Wir kommen nun in Faschi an.

Interessanterweise gibt es im Tuareg keinen allgemein üblichen Ausdruck für „Oase". Fragt man jedoch danach, so bekommt man als Antwort **édeg wa-n tîshdjayen,** was so viel bedeutet wie „Palmenort" und vermutlich eine „Auftragsübersetzung" ist, um uns Europäern einen Begriff geben zu können, der vorher nicht existierte. Dort wo wir „Oase“ assoziieren würden, denken viele Tuareg zuerst an „Ortschaft“.

Bezeichnend ist auch, dass viele Tuareg der Zentralsahara das Wort „Wald“, womit wir eine handfeste Fläche voller großer und dicker Bäume assoziieren würden, schon für eine Savannenlandschaft verwenden würden, die mit gerade mal körperhohen Sträuchern und kleinen Bäumchen bewachsen ist, in der man trotzdem noch bis zum Horizont gucken kann.

Eshsherif ill(a)-é?
Dorfältester er-ist-er
Gibt es hier einen Dorfältesten?

Mit Dorfältester ist die wichtigste Person des Ortes gemeint. Früher war das oft ein adliger Tuareg, heute kann es jemand mit Verbindung zur staatlichen Macht sein. Oder es ist eine religiöse Autorität. Genau genommen sind mit dem Wort die Nachkommen des Propheten Mohamed gemeint. Im Tuareggebiet wird die Bezeichnung „Dorfältester“ übrigens auch zur Bezeichnung religiöser Würdenträger verwendet.

Die Tuareg leben in einer geschichteten Gesellschaft, in der es traditionell neben Adligen auch Sklaven gab. Noch heute ist es teilweise wichtig, sich beim Besuch eines kleineren Ortes oder eines Lagerplatzes nach dem ranghöchsten Tuareg zu erkundigen, mit dem man dann alles Weitere bespricht.

Ill(a)-é, isem ennit Mulay Abdallah.
er-war-ihm, Name sein Mulay Abdallah
Ja, es gibt einen, er heißt Mulay Abdallah.

Salzkarawane

Eine Salzkarawane zu begleiten, ist kein Zuckerschlecken. Im Niger sind es hauptsächlich Tuareg aus dem Air-Gebirge, die im Winter in die Salzoasen Faschi und Bilma östlich der großen Ténéré-Wüste ziehen und dort Hirse aus der Sahelzone gegen Salz und Datteln tauschen. Das Salz transportieren sie in die Sahelzone, wo es als Viehsalz, Speisesalz und Heilsalz beliebter ist als das Salz von der Küste.

Wer mit einer Salzkarawane zusammen zu Fuß die Ténéré durchquert hat, fühlt die Tiefe vieler Tuaregliedern über diese große, leere Wüste. Sie singen von Durst und Hunger, Kälte und Sehnsucht nach den heimischen Lagerplätzen im Air-Gebirge.

Obwohl eine solche Salzkarawane alle Beteiligten an den Rand vollständiger physischer Erschöpfung treibt, sehen die Tuareg diese Reise als Teil ihres Lebens. Um die Kräfte zu spüren, die diese Art von Leben geformt haben, bietet die Salzkarawane unvergleichliche Möglichkeiten.

En nens dihâdegh ehod dîdegh?
Én nens digh ehod wâgh? (H)
ZUK wir-schlafen hier Nacht welche-hier
Werden wir hier schlafen?

Ekkes ilalan fell alam ennek!
wegnimm Gepäck auf Kamel dein
Ekkes kaya full âmis! (H)
wegnimm Gepäck auf Kamel
Entlade dein Kamel!

Sens ilalan nek dihâdegh! / Sens kaya digh! (H)
leg Gepäck dein hier / leg Gepäck hier
Leg das Gepäck hierhin!

Ma (e)dja elbarrad?
was er-machte Teekanne
Wo ist die Teekanne?

Elbarrad ihâ tamshit ta-n Mokhamed.
Elbarrad ihâ tamhit ta-n Mokhamed. (H)
Teekanne er-ist-in Ledersack welche-von Mohamed
Die Teekanne ist im Ledersack von Mohamed.

Ma nséña ehod dîdegh?
Ma nséña ehod wâgh? (H)
was wir-kochen Nacht welche-hier
Was kochen wir heute Abend?

En neken tâdjella.
ZUK wir-machen Tagella
Wir werden Tagella machen.

Tagella, wie man auf Deutsch sagt, ist vielleicht das bekannteste Tuareggericht. Hierbei handelt es sich um einen Fladen aus Gries, der im heißen Sand ausgebacken wird. Danach zerpflückt man ihn und gießt Soße darüber.

Nek (H: nekkunan) **eknegh adaraz.**
ich ich-mache Soße
Ich werde Soße machen.

Awi d elberma d ettobsi!
Awi d éghér d ettobsi! (H)
bring her Topf und Schüssel
Bring den Topf und die Schüssel her!

Awa-regh ûdi migh ezzêt?
was-auch-immer-hier Butter oder Öl
Ist das hier Butter oder Öl?

Ûdi wa-n Ahaggar, ûdi wa-n ulli.
Ûdi wa-n Ahaggar, ûdi n ulli. (H)
Butter welche-von Hoggar, Butter welche-von Ziegen
Das ist Butter aus dem Hoggar-Gebirge, Ziegenbutter.

Tezzâyed itrân?
du-kennst-aus-eigener-Erfahrung Sterne
Kennst du dich mit den Sternen aus?

Wer ezziyegh ar essin migh kerad.
nicht ich-kenne außer zwei oder drei
Ich kenne nur zwei oder drei.

Awa-degh (H: wâ-regh) **amanar.**
welcher-auch-immer-hier (H: welcher-hier) Orion
Das hier ist der Orion.

shet-ehod	*Töchter der Nacht*	Plejaden
talamt	*Kamelstute*	Großer Bär

Tîfaut en nenker shîk full-innin asîkel nenegh i hédjran.
Tûfat én nenker hîk full-innin asîkel nenegh i hédjran. (H)
morgen ZUK (wir-)aufstehen früh wegen Reise unser welche lang
Morgen werden wir früh aufstehen, denn der Weg ist lang.

Vor dem Aufbruch am Morgen

Effo (H: yeffo), **enker!**
es-ist-Morgen, erheb-dich!
Es ist Morgen, steh auf!

U kay yengh(é) esemêd end êhod?
nicht dich es-schmerzt Kälte letzte Nacht
Hast du vergangene Nacht nicht gefroren?

Kala-kala, elsigh isels(a) ekkûsnin.
nein, ich-kleidete Kleidung heiß(Mz)
Nein, ich hatte warme Sachen an.

Emmi de en niglâ?
wann ZUK wir-gehen
Wann gehen wir los?

Zeyder, en nesu atai (H: ashâhi) **izzar!**
warte, ZUK wir-trinken Tee vorher
Warte, wir trinken vorher noch einen Tee!

Übernachten im Hotel

Hotels sind im Tuareggebiet oft mehr oder weniger weitläufige Gelände, die mit einer Anzahl von Bungalows zu ebener Erde bebaut sind.

Einfache Hotels haben kein fließendes Wasser und meist auch keine Sitztoiletten. Letzteres ist wegen der regelmäßigen Wasserausfälle auch gar nicht so übel. Die Hockklos sind da wesentlich hygienischer. Manchmal steht auch ein wassergefülltes Fass im Hotelhof, von dem man sich Waschwasser abfüllen kann. Waschorgien sollte man jedoch in der Zentralsahara nicht unbedingt organisieren!

Indêt ill(â) édeg wa-n imadjdjaren?
wo er-war Ort welcher-von Rasthaus
Wo gibt es hier ein Rasthaus/Hotel?

Manekêt ehod îyen?
wieviel Nacht eine
Wie viel kostet eine Nacht?

Tarhêd taghashamt d esserîr îyen migh essîn?
du-mochtest Zimmer und Bett ein oder zwei
Tared taghahamt d elmatrah îyen migh d essîn? (H)
du-mochtest Zimmer und Bett ein oder zwei
Wünschen Sie ein Einzel- oder ein Doppelzimmer?

Arhêgh taghashâmt d esserîr îyen.
Arêgh taghahamt d elmatrah îyen. (H)
ich-mochte Zimmer und Bett ein
Ich möchte ein Einzelzimmer.

Azref innit ... ehod îyen.
Preis sein ... Nacht ein
Es kostet ... pro Nacht.

Wâ-degh azref (H: arriyal) **ih(a)-ê azref n elfutûr wa-n tîfaut migh kala?**
welcher-hier Preis er-ist-in-er Preis von Frühstück des Morgens oder nicht
Ist der Preis einschließlich Frühstück oder nicht?

Sekn ahi taghashamt (H: taghahamt)**!**
zeig mir Zimmer
Zeigen Sie mir bitte das Zimmer!

Indêk édeg wa-n lâdush?
wo Ort welcher-von Dusche
Wo ist die Toilette?

Nek (H: nekkunan) **arhêgh taghashamt îyet dar.**
ich ich-mochte Zimmer eine anderes
Ich möchte ein anderes Zimmer.

Ekf ahi d ...!
gib mir her ...
Geben Sie mir ...!

Setzen Sie in diesen Satz auch sinnvolle Wörter aus der folgenden Wörterliste ein!

Durch die verwinkelte Bauweise der Bungalows entsteht viel Schatten. Oft gibt es noch einen mehr oder weniger begrünten Innenhof, von dem dann auch die Hotelgaststätte erreichbar ist.

shômar *ist entlehnt vom französischen* chômeur *(Arbeitsloser).*

âseftegh/îseftâgh	Bett
kômpiñ	Campingplatz
azzawra/azzawratên	Decke
lâdush; êgaded; **édeg wa-n esîrt** *Ort welcher-von Waschen*	Dusche
êfyu; aday	Elektrizität
êtadjen; êdes enhanan **n afella**	Etage
alkhammâm	Badehaus
éhen/ihanan	Haus
édeg emmedjal *Ort Übernachtung*	Herberge
édeg wa-n âftaghan *Ort welcher-von Betten*	Hotel
éhen wa-n shômar; **éhen wa-n temedrît** *Ort welcher-von Arbeitslosen*	Jugendherberge
adeffôr/îdefrân	Kissen
êkeghshey wa mellen **iwâr eseftagh** *Tuch welches weiß seiend-auf Bett*	Laken
albig	Lampe
sadjîdj – ékhlá	sauber – schmutzig
dîset/dîsetên	Spiegel
edowalêt; lâdush	Toilette
etkâr (Dj); ednây (H)	besetzt
âman ôzâlnin	fließendes Wasser
âman sammêdnîn	kaltes Wasser
âman ekkûsnîn	warmes Wasser
tâfalla/tîfalliwîn	Zelt
taghashamt/tigheshmîn taghahamt/tighehmîn (H)	Zimmer

Essen & Trinken

Ein sehr verbreitetes Tuaregsprichwort lautet „Milch ist Nahrung". Ziegen- oder Kamelmilch frisch getrunken oder als Käse bzw. Butter ist ein wichtiger Grundbestandteil der Tuaregspeisen. Verbreitet ist im Süden auch Hirse, während es im Norden verschiedene Weizenprodukte, wie Nudeln oder Kuskus, sind. Daneben gibt es eine Reihe typischer Tuaregspeisen, die ihren Ursprung in der Wüstenflora haben. In den Gaststätten der größeren Oasen werden afrikanisch, nahöstlich oder französisch inspirierte Gerichte angeboten.

Bei vielen Tuareg gilt es übrigens als unschicklich, in der Öffentlickeit zu essen, da dies bedeuten würde, Nase und Mund zu entblößen.

Ill(â)-ê dihâdegh édeg wa-n tétété?
Ill(â)-ê dîgh édeg wa-n tétété? (H)
es-gab-ihn hier Ort welcher-von Essen
Gibt es hier ein Restaurant?

Nékkanid essîn nenegh ghâs.
wir zwei wir nur
Wir sind zwei Personen.

Wel lêd esînk? / Ma telâm dagh tétété? (H)
nicht du-hattest Speise / was ihr-hattet in Essen
Was haben Sie zu essen?

Arhêgh (H: arêgh) **ed ekshegh haret îyen.**
ich-mochte ZUK ich-esse Ding ein
Ich möchte etwas essen.

(Te)lâm eshshôrba?
ihr(Mz)-hattet Suppe
Haben Sie Suppe da?

Nek arhêgh ṯâfaghat d eshshûrba d shlâṯa.
ich ich-mochte Reis und Suppe und Salat
Ich möchte Reis mit Suppe und Salat.

Nékkanid narhêgh elkeskesu d isân.
wir wir-mochten Kuskus und Fleisch
Wir möchten Kuskus und Fleisch.

Oft gibt es ganz gewaltige Unterschiede in den Süßungsgewohnheiten der Tuareg. Während Tee gewöhnlich mit viel Zucker getrunken wird, trinkt man Kaffee häufig schwarz, stark und ungesüßt.

Ekf ahi d alkas îyen!
gib mir her Glas ein
Gib mir ein Glas Tee!

Ekf ahi d alkas wa-n essîn!
gib mir her Glas welches-von zwei
Gib mir noch ein Glas Tee!

Wer tet ihâ essukor!
nicht ihm er-ist-in Zucker
Ohne Zucker!

Ih(â)-ê d essukor!
er-ist-ihn hier Zucker
Mit Zucker!

Die vielleicht wichtigste Alltagszeremonie vieler Tuareg ist die Teezeremonie. Hierbei werden erstaunlich große Mengen von grünen Tee und Zucker zu einem leichten Sirup gekocht und durch häufiges Hin- und Hergießen aufgeschäumt. Guten Tee machen zu können, gehört zu den wesentlichen Kulturtechniken vieler Tuareg. Er wird am Morgen nach einer kalten Nacht getrunken, zum Mittag gegen die einschläfernde Saharahitze und zum Abend als Tagesausklang. Man trinkt fast immer drei Gläser, wobei das erste nach den Worten eines sehr bekannten Sprichwortes „bitter wie der Tod", das zweite „durchwachsen wie das Leben" und das dritte Glas „süß wie die Liebe" ist.

Der Tisch

essebnîya/ essebnîyatên	Serviette
alkartâs	Tasse
têghert/têgherîn	Teller
tâbla/tâblatên	Tisch
tesôkalt/tîsôkalîn	Löffel
alforshita, tesôkalt ta-n (î)ssînen *Löffel welche-von Stacheln*	Gabel („Stachellöffel")
alkas/alkasen	Glas
elmusi/elmusiten; âbzar/ibzarên	Messer

Getränke

elbîra	Bier
algazez	Brause, Limonade
âman elkhad̲ratîn; alas̲îr	Fruchtsaft
elqahwa	Kaffee
âman wi yehôseyenîn	Mineralwasser
alkhamr	Wein

Rund ums Essen & Trinken

amedjin	Abendbrot
arz̲/irz̲â	bezahlen
affôd, teffôd	durstig
eksh/ikshâ	essen
magli; wan elkôshatên	frittiert

Runden Sie den Betrag für das Trinkgeld einfach auf den nächstgrößeren Betrag auf.

iñá	gekocht, gebraten
ekkûs/tekkûs	heiß
enaqi lâz / enaqêt lâz	hungrig
sammêd	kalt
anâkhdam	Kellner
elkuzeini	Koch
kuzeina (H)	Küche
âmekli	Mittagessen
idjét essukor; an normal	mittelsüß
édeg wa-n amensi	Restaurant
shlâta; ahelwâd	Salat
adjîwen/tadjîwen	satt
îsenmen	sauer (Speisen)
ashshorba	Suppe
tezzêded	süß
esu/iswâ	trinken
asîwad (Dj); îkadiwen (Aj)	Trinkgeld
allôñzeiet	warm

zum Frühstück

alfutûr wa-n tîfaut	Frühstück
tâdjella; boro (N)	Brot
ûdi	Butter
tôraut	Honig
kônfitür	Marmelade
âkh	Milch

Speisezutaten

In der Umgangssprache bedeutet **tékakit/tîkakitîn** *auch „Hoden".*

tâfaghat	Reis
tjikammarên	Ziegenkäse, Käse
makrôna	Nudeln
ezzeit	Öl
tékakit/tîkakitîn	Ei
-/tîsatalîn (M, Dj, A, H)	Eier

alkhadra	Gemüse
aldjazar	Möhren
ettôm	Knoblauch
azzeitûn	Oliven
tiflêlit	Zwiebeln

Fleisch

isân n kerwât	Hammelfleisch
êmen/îmanan	Fisch
isân	Fleisch
isân n tekezzit; isân n tekedjdjit (Aj)	Hühnchen, Broiler
isân n tîsût	Rindfleisch
mergez	Würstchen

Gewürze

âdrezz	Sauce
shêta wa kawwalen	schwarzer Pfeffer
alkhall	Essig
shêta	Chili
tîsemt	Salz

Obst

eddeffâh	Apfel
elmishmâsh	Aprikosen
elbanân	Bananen
têhéyni	Datteln
tâzdjait	Dattelpalme
elkermûz	Feigen
elbattîkh, addellâgh	Melonen
adsdeshîn	Orangen
alkhaukh	Pfirsiche
azzabîb	Weintrauben
elqâres	Zitronen

Traditionelle Speisen der Tuareg

Der „Kakao der Tuareg" wird aus einer bestimmten Wüstenpflanze hergestellt, die wie Kakao zubereitet und ohne Kochen getrunken wird.

areshira	„Wüstenmüsli": gestoßene Hirse, Datteln, getrockneter Käse, Erdnüsse und Milch
badjala	Hirse wird mit Wasser und etwas Öl ein wenig gekocht
eshink	dickes Hirsemus mit Milch und grüner Soße
fakoi	Reis mit Soße
iliwa	Frühstück der Tuareg: in Milch zubereitete Hirsesuppe
isân inafnin	im heißen Sand gebackenes Fleisch
makhfé	Eintopf aus Hirse, Weizen und Fleisch
sheqqo	Weizenkörner und Öl werden miteinander vermengt und ohne weitere Zutaten und Zubereitung gegessen
tâdjella	im heißen Sand gebackenes Fladenbrot
tarakart; ibakkâtin	„Kakao der Tuareg"
tarrûzi	Gerste als Brot oder Suppe

Asenk azéyden!
Essen lecker
Guten Appetit!

Sekn ahi elkhesâb, tanemmert ennek!
zeig mir Rechnung, danke dir
Sekn ahi manikêt a̱zref innit! (H)
zeig mir wieviel Geld sein
Geben Sie uns die Rechnung, bitte!

Kaufen & Handeln

Leider hat man als Europäer in weiten Teilen Afrikas den (in den Augen der Afrikaner nicht ganz unberechtigten) Ruf eines wandelnden Sparschweins, wobei dicke Geldbörsen und wenig Zeit nicht gerade geeignet sind, diesen Ruf zu korrigieren. Hier sollte man genau hinschauen, um das lokale Preisniveau herauszufinden.

mess is n elbuteki/ mess is n eddekan	Ladenbesitzer
aw-âdem wa-n elbuteki	Lebensmittelhändler
azzâñzâr (M, N); essuk	Markt
essûq/essûqan	Markt
wa hî izeñzîn	Verkäufer
âgham/-	anprobieren, versuchen
eswed/-	schauen
inhi/inhây	sehen, anschauen
sheñsh/isheñsha	kaufen
sekn/-	zeigen

In Algerien gibt es ein seltsames Preissystem, das mit drei Preisen funktioniert. Fragt man auf Französisch, so erfährt man meist den Preis, wie er auf den Geldscheinen abgedruckt ist. Untereinander rechnet man jedoch in Centimes, was dann zu irrsinnig hohen Zahlen führt. Hier streicht man die letzten zwei Nullen der Zahl weg. Wenn jedoch ein Preis genannt wird, der seltsam niedrig erscheint, dann sind hierbei die Tausender der Centimes gemeint, man muss also eine Null hinzufügen, um den Preis in Algerischen Dinar zu erfahren. Am besten lässt man sich die Summe in Geldscheinen zeigen.

Auch beim Handeln tauscht man erst einmal die Begrüßungsfloskeln wie ein Ritual aus.

Ma-idjân!
was-war-es-machend
Hallo!

Alkhêr ghâs!
Gutes nur
Danke, gut!

Ma tolâhed (H: tuled)**?**
was du-ähneltest
Wie geht es dir?

Alkhêr ghâs.
Gutes nur
Danke, gut.

Târi ill(â)-ê?
Tari er-ist-er
Gibt es hier Târis?

Ill(â)-ê.
er-ist er
Ja, es gibt sie.

Târis sind die tiefblauen, abfärbenden Tuaregschleier, die meist mit Indigo gefärbt sind. Ein guter Schleier ist außerdem aus mehreren Dutzend schmalen Bändern zusammengenäht und ist so reichlich mit Indigo getränkt, dass das Tuch vor lauter Pigmenten metallisch glänzt. Es wird in Zeitungspapier eingewickelt verkauft und wird auch nicht gewaschen.

... ma môs? / ... minet iknâ? (H)
... was er-ist / ... woraus er-macht
Woraus besteht ...?

Ayó!
ja/aha
Aha!

Târi manekêt?
Tari wieviel
Wie viel kostet ein Târi?

Ezzowet hullan!
Essôhed hullan! (H)
teuer sehr
Das ist zu teuer!

Das Handeln ist auch eine Art Gesellschaftssport, der gerade im arabisch geprägten Norden mit viel Zeit, Energie und Sportsgeist betrieben wird. Viele Tuareg feilschen aber überhaupt nicht und bestehen auf dem Preis, den sie als erstes Angebot genannt haben.

Arat wâ-degh inâzzen?
Haret wâgh inâzzen? (H)
Sache welche-hier zu-verkaufen-seiend(INT)
Kann man das hier kaufen?

Terhêd teshheñshhed ûdi?
du-mochtest du-verkaufst Butter
Möchtest du Butter verkaufen?

Kala-kala, kut terhed-t bennân, negh wa.
nein, wenn du-möchtest-sie umsonst, hier welche
Nein, wenn du sie umsonst möchtest, hier bitte.

Maße & Gewichte

lîtra/lîtraten	Liter
kilo/kilôten	Kilogramm
gram/gramen	Gramm
ardel/erdelen	Pfund

Silberschmuck

tazabût/tîzabûtîn	Ohrring
ténéghélt/tîneghelîn	Kreuz von Agadez

Das Kreuz von Agadez ist ein schöner, kreuzförmiger Anhänger und wird meist aus Silber gefertigt. Traurigen Ruhm erlangte das Kreuz von Agadez als Symbol der französischen Fremdenlegion. Sein Ursprung und seine Bedeutung sind legendenumwoben.

Lederwaren

eldjebîra/ eldjebâraren	große Kleidertasche aus Leder
abeyôgh/îbyâgh	Wasserschlauch (Guerba)
énaféd/înifdân	Portemonnaie (trad.)
éfédélên/îfédilên	Sandalen (trad.)
tanwart/tînwarên	Wasserschlauch (kleiner)
adeffor/îdefrân	Lederkissen
ashshekwa/ ashshekwatên	Ledersack (mittelgroßer)

Auch in unserer Zeit finden Wasserschläuche aus Ziegenleder noch ihre Verwendung. Je nach Größe des Tiers fasst er zwischen zehn und vierzig Liter. Ein wenig Wasser sickert immer durch die Haut. Verdunstet es, bleibt der Wasserschlauch stets gut gekühlt.

Kunsthandwerk

khôméissa/ khôméissaten	Anhänger, fünfgliedriger
éghatêm/îghatémen	Decke (trad.)
âbzar/îbzarên	Dolch
talbittant/ tâlbettanîn	Dose aus Kamelhaut
tések/tîskîn	Fingerring
akeber/îkebrân	Gefäß (trad.)
tasghalt/tîsghalîn	Halskette
tôkalt/tôkalên; amôla/imolan	Holzlöffel
tîghért/tîghêrên	Kochtopf
téndé/tendawên	Mörser, Trommel

akôs/îkassen	Milchnäpfe aus Holz mit Henkel
akhbêy/îkhbéyén	Oberarmring aus Stein
izaghan/izaghnân	Stößel für den Mörser
tékamist/tékumusîn	Übergewand für Männer und Frauen

Es gibt ein sehr praktisches Tuareggewand, bei dem die Ärmellöcher so weit nach unten gezogen sind, dass sie in Höhe der Kniekehlen enden. Es schützt gegen die sengende Sonne, der Wind kann aber ungehindert hineinblasen.

Nek (i)hânneyegh.
Nekkunan shâgadegh. (H)
ich ich-gucke(INT)
Ich schaue mich nur um.

Sekn ahi ...
zeig mir ...
Zeigen Sie mir ...

Manekêt?
wieviel
Wie viel kostet das?

rakhîs	billig
ezzi, ewalla	genau, richtig
ezzowet/tezzowet	teuer

Fotografieren

An Fotomotiven mangelt es im Tuareggebiet nicht. Manche Gebiete, wie das Tadrart und das Tassili in Südalgerien, gehören zweifellos zu den schönsten der Sahara.

Viele Tuareg, besonders Mädchen und Frauen, haben eine traditionelle Abneigung gegen Fotos. Andere Tuareg hingegen sind geradezu fotoversessen und freuen sich königlich über jedes zugesandte Bild. Für viele Tuareg ist es unschicklich, dem Fremden Nase und Mund zu zeigen. Hier werden sich die meisten mit einem korrigierendem Griff zum Turban vor dem Foto zurechtmachen wollen.

Nek (H: nekkunan) **arhêgh ed essawwaregh dîhâdegh.**
ich ich-mochte ZUK ich-fotografiere hier
Darf ich hier fotografieren?

Nek (H: nekkunan) **arhêgh ed ak essawwaregh.**
ich ich-mochte ZUK dich ich-fotografiere
Ich möchte dich/Sie fotografieren.

Sessîwiy ahi d teswîra nnek!
schicke mir her Bild dein
Schicke/n Sie mir ein Foto!

Ektub ahi édeg ennek!
schreib mir Ort deinen
Schreib/en Sie mir deine/Ihre Adresse auf!

elflash	Blitz
(s)ez̲djer/-	entwickeln
elfilm/elfilmen pirikîl (H)	Film
eddeswêra/ eddeswêraten	Foto
elkâméra	Fotoapparat
-/itâsawwar	fotografieren
fîlm normal, elfilm wa kawwalen ed wa mellén *Film welcher schwarz und welcher weiß*	Schwarz-Weiß-Film
elfilm wa-n ellawanen *Film welcher-von Farben*	Farbfilm

Das Ablichten von Bauwerken, denen selbst in homöopathischer Verdünnung eine irgendwie geartete strategische Bedeutung zukommen könnte, sollte man tunlichst vermeiden.

Arhêgh ed s̲h̲eñs̲h̲egh elfilm (H: pirikîl) **dihad.**
ich-mochte ZUK ich-kaufe Film hier
Ich möchte einen Film kaufen.

Nek (H: nekkunan) **arhêgh elfîlm wa kawwalen ed wa mellen.**
ich ich-mochte Film von schwarz und von weiß
Ich möchte einen Schwarz-Weiß-Film.

Telefonieren

Es gibt nicht viele Telefone in der Sahara. Meist steht das Telefon bei einem Nachbarn, oder ein Kind meldet sich. Hier gilt es, sich unter Wahrung der unumgänglichen Begrüßungsformeln zum gewünschten Gesprächspartner durchzufragen.

In den städtischen Oasen gibt es öffentliche Telefonsalons, die auch direkt gewählte, internationale Gespräche von erstaunlicher Qualität ermöglichen. In Tamanrasset, Djanet und Agadez gibt es auch Internetcafés.

Mindêt adôbegh ed edjegh téléfon?
wo ich-konnte ZUK ich-mache Telefon
Wo kann man hier bitte telefonieren?

Mi d essîwelen?
wer hier er/sie-ist-sprechend
Wer spricht dort?

Halo!
Hallo!

Nek arhêgh ed (e)ssîwelegh ed Mokhamed.
ich ich-mochte ZUK ich-spreche und Mohamed
Ich möchte mit Mohamed sprechen.

Aghred Mokhamed es téléfon!
ruf Mohamed zum Telefon
Ruf/en Sie Mohamed ans Telefon!

Nek wer issenegh tamâshaq hullan.
Nekkunan wer issenegh tamahaq hullan. (H)
ich nicht ich-weiß(INT) Tuareg viel
Ich spreche nicht gut Tuareg.

Tessâned tefransist (H: takâfart)**?**
du-weißt(INT) Französisch
Sprechen Sie Französisch?

Wörtlich übersetzt heißt takâfart „die Sprache der Ungläubigen". Da die ersten „Ungläubigen", denen die Tuareg begegnet sind, die Franzosen waren, hat sich diese Bezeichnung etabliert. Möglicherweise ist das von den Tuareg nicht ganz nett gemeint. Ich empfehle, es erstmal mit **tefransist** zu probieren, und erst wenn man gar nicht verstanden wird, mit takâfart weiterzumachen.

englizîya	Englisch
almânîya	Deutsch
tarabîyat; arabîya	Arabisch

édeg fulân; elunwân **édeg aw-âdem**	Adresse
takârdé/tikârdiwîn; têrawt (N)	Brief
essundûq wa-n sissîwîyen	Briefkasten
tanâber	Briefmarke
barîd ahîn awed dagh **shenawen**	Luftpost
elbôshda; **elbîro wa-n lâbost**	Post
elkarta ta-n elbôsta	Postkarte
sîwya în/assawy în	schicken
téléfon/téléfônen	Telefon
-/îtelfen	telefonieren

Bank & Geld

Die häufigsten Sprachen in den Amtsstuben sind Französisch und im Norden, speziell in Libyen, Arabisch. Hier wird kaum Tuareg gesprochen, denn die Beamten sind fast ausnahmslos Angehörige der herrschenden Ethnien des jeweiligen Landes. Für den Ausnahmefall hier einige wesentliche Phrasen und Vokabeln.

Im Tuareg gibt es vermutlich keinen ursprünglichen Begriff für Zeit. Das heute verwendete Wort stammt aus dem Arabischen. Zeit an sich hat keinen Wert, und in den wenigen Amtsstuben im Tuareggebiet herrscht eine schon legendäre saharische Gemütlichkeit. Hier kommt man mit einer gehörigen Portion Langmut am besten zurecht.

Indêk abarîd s elbânka?
wo Weg zu Bank
Indêk abareqqa s édeg wa-n aẕref? (H)
wo Weg nach Ort welcher-von Geld
Wo bitte geht es zur Bank?

Tordêd s ill-ê elbânka dagh Arlit?
möglich von es-war-es Bank in Arlit
Gibt es in Arlit eine Bank?

Nek arhêgh ed eṣrefegh témédé n elyûro.
ich ich-mochte ZUK ich-wechsle hundert von Euro
Ich möchte 100 Euro wechseln.

elbânka; édég wa-n âẕrif	Bank
eddolar/eddôlarten	Dollar
elyûro/elyûroten	Euro
ashshîk/shîkten	Scheck
frank swisrî	Schweizer Franken
âẕref (antekken)	(Klein-)Geld
esserf	Wechselgeld
isref/-	wechseln

Behörden & Polizei

In Algerien wird man im Allgemeinen höflich, korrekt und respektvoll behandelt. Im Süden des Landes wird man gewöhnlich mit arabischen, grün uniformierten Nationalgardisten in Berührung kommen. Näher am Volk ist eine Art Landpolizei in blauen Uniformen, die sich oft aus Tuareg rekrutiert.

Im Niger hingegen ist der Transfer kleinerer Summen ein Teil des Fettes, das die Gesellschaft schmiert, und gerade als Europäer ist man oft potentieller Geber. Dies trifft vor allem dann zu, wenn der Gegenüber glaubt, eine rechtliche Unregelmäßigkeit entdeckt zu haben, oder wenn man eine irgendwie geartete Dienstleistung – und sei es nur einen Stempel – erwartet.

Minêk édeg wa-n lâbolis?
wo Ort welcher-von Polizei
Wo ist die Polizeistation, bitte?

In den meisten Gebieten sind die Tuareg staatspolitisch, kulturell und finanziell an den Rand der Gesellschaft gedrängt. Hinter den meisten Schaltern in Algerien sitzen Araber aus dem Norden des Landes, während es im Niger Mitglieder der herrschenden Ethnie aus dem Süden sind. Hier kommt man mit Französisch ganz gut zurecht. Hier wieder einige nützliche Sätze für den Ausnahmefall.

Indê-s ed fâled?
woher hier du-kamst
Woher kommst du?

Fâlegh ed ...
ich-kam her ...
Ich komme aus ...

Mi d kay?
wer und du
Mit wem?

Wel îyen!
nicht einer
Ganz allein!

Ma weten ghor wen?
was sie-schlugen bei euch
Was haben sie dir/Ihnen gestohlen?

Tôraft în ed ilalan în.
Elkarhabat in ed kaya hîn. (H)
Auto mein und Gepäck mein
Mein Auto und mein Gepäck.

Nek arhêgh alkârden ed ekkegh Belma.
ich ich-mochte Dokumente ZUK ich-gehe Bilma
Ich möchte eine Erlaubnis, um nach Bilma zu fahren.

Einige Wüstengebiete sind besonders schwierig zu befahren. Hierzu zählt die bekannte Ténéré-Wüste im Norden Nigers. Hier gibt es auf einer Fläche von mehreren zehntausend Quadratkilometern keine Orientierungspunkte. Der Sand ist teilweise weich; das Gebiet ist vollständig unbewohnt. Müssen die Tuareg dieses Gebiet durchqueren, so ähnelt ihre Reise mehr einer Flucht. Zahlreiche Lieder besingen ihr Leid in der Ténéré.

Da in letzter Zeit zunehmend Ausländer in diesem Gebiet zu Schaden kamen, hat der Niger die Reise dort reglementiert und genehmigungspflichtig gemacht. Auch aufgrund von bewaffneten, räuberischen Gruppen sind bestimmte Gebiete für Ausländer nur bedingt oder gar nicht zugänglich.

ishká	Anzeige, Klage
tamezzuq; iqâma (Aj)	Aufenthaltsgenehmigung
anâkhdam	Beamter
arrashwa	Bestechung
assafâra	Botschaft
édég wa-n amenokalen (M, N); almaktab (Aj)	Büro
elbêrmi; alkard wa-n eseklu n tôraft *Karte welche-von Fahren von Auto*	Führerschein
is̲lâh; iknâ	gültig
lâbolis	Polizei
bolis/bolisten	Polizist
alkard wa-n téklé djir akalen *Karte welche-von Gehen in Länder*	Reisepass
wer iknâ	ungültig
hâkim	verantwortlich
almesyûl; amenôkal (M, N)	Verantwortlicher
elvîsa	Visa
éhaké elvîsa/ ihakénîn elvîsa	Visaverlängerung
lâdiwan	Zoll

Krank sein

Gegen kleinere Wehwehchen helfen traditionelle Heilmittel oft erstaunlich gut, und gerade das Wissen um den richtigen Gebrauch von Heilpflanzen ist sehr lebendig.

Einige der Länder, in denen Tuareg leben, gehören zu den ärmsten der Welt, es gibt eine unglaublich hohe Sterblichkeit. Darüber hinaus sind gerade die Tuareg auch innerhalb dieser Länder an den Rand der Gesellschaft gedrängt und durch ihre nomadische Lebensweise oft von jeglicher medizinischer Versorgung abgeschnitten. Typische Krankheiten der Tuareg sind Tuberkulose, Lungenentzündung, Nierenleiden, Augenkrankheiten und Syphilis. Die wenigen ausgebildeten Ärzte sprechen Französisch. Während die Versorgung mit Arzneimitteln in Algerien und Libyen gut ist, kann es weiter südlich passieren, dass Arzneimittel aus dem eigenem Fundus des Reisenden verordnet werden.

Nek dektero wer teksôded.
Nekkunan a<u>d</u>ebib, wer teksuded. (H)
ich Arzt, nicht du-hattest-Angst
Ich bin Arzt, hab keine Angst!

Termes ahi torhena.
sie-greift mich Krankheit
Nekkunan arînegh. (H)
ich ich-bin-krank
Ich bin krank.

Ma kay idjrâwen?
Ma kay igrawen?
was dich es-ist-schmerzend
Was ist dir passiert?

Torhena (H: turna) **(e)nnek ma temûs?**
Krankheit deine wie sie-heißt
Was ist das für eine Krankheit?

Emmi kay tedjraw torhena (H: turna)**?**
wann dich sie-schmerzte Krankheit?
Wann bist du krank geworden?

Wa-n iru terhîned?
welcher-von lange-sein du-warst-krank
Bist du seit langem krank?

Iru erhînegh.
es-ist-lange ich-war-krank
Ich bin seit langem krank.

Kera<u>d</u> shîlân a lîgh erhînegh.
drei Tage welcher ich-hatte ich-war-krank
Kera<u>d</u> (i)hadân a lîgh erînegh. (H)
drei Nächte welcher ich-hatte ich-war-krank
Ich bin seit drei Tagen krank.

E<u>z</u>ghagh! (H: Ahghagh!)
lieg
Leg dich hin!

Ghaim digh!
sitz hier
Setz dich hierhin!

Sekn ahi (H: Seken i) **édeg wa kay ikmân!**
zeig mir Ort welcher dich er-ist-schmerzend
Zeig mir die Stelle, die dir wehtut!

Sûnfes hullan!
atme sehr
Tief einatmen!

Ikm(â) î digh.
er-schmerzte mich hier
Hier tut es weh!

Als Europäer ist man für viele Tuareg potentielle Quelle für kostenlose und wirksame Medizin. Es ist nicht selten, dass man als Reisender um Medikamente gebeten wird. Sehr beliebt sind neben Aspirin und Augentropfen auch alle Sorten von Antibiotika.

Krank sein

Die Tuareg verfügen über einen reichen Fundus an traditionellen Heilmethoden, mit denen man eine Reihe leichterer Wehwehchen beheben kann. Gerade einfache Durchfallerkrankungen und kleinere Magenprobleme lassen sich sehr gut damit behandeln. Bei schwereren Krankheiten wird der europäische Besucher vermutlich einen nach modernen Methoden ausgebildeten Mediziner konsultieren wollen, mit denen man dann Französisch oder bisweilen sogar Englisch reden kann.

Eghef ikm ik?
Kopf schmerzte dich
Hast du Kopfschmerzen?

Tiqqûd?
du-übergabst-dich
Musst du brechen?

Termes kay tûksé?
Termes kayyunan tâzzaq. (H)
es-griff dich Fieber
Hast du Fieber?

Tiqqûgh ashni.
Tiqogh ahni. (H)
ich-brach Blut
Ich breche Blut.

Tedjraw ahi tanannâghat.
Tegraw i tanannâghat. (H)
sie-schmerzte mich Kolik
Ich habe Koliken.

Ahâk âshel migh alwaq alwaq?
Ak ahel migh emir emir? (H)
jeder Tag oder manchmal manchmal
Immer oder nur manchmal?

Teshshemed în fell âshel-end în?
Teshshemed în fell ahel-end în? (H)
du-besser-warst dort auf Tag-letzten dort
Geht es dir besser als das letzte Mal?

Kala-kala, wer hîn eshshimegh.
nein, nicht dort ich-war-besser
Kala! U hîn ishshimegh. (H)
nein, nicht dort mir-ist-besser
Nein, mir geht es nicht besser!

Ez̲z̲eyegh!
ich-war-geheilt
Ich bin geheilt!

Ahâk âshel et tekshed kerâd̲et elqîneten ti-n (i)sefrân!
jeder Tag ZUK du-isst drei(w) Tabletten welche-von Medizin
Sak ahel ét tekshed kerâd̲et tiblâlîn! (H)
jeder Tag ZUK du-isst drei(w) Tabletten
Nimm täglich drei Tabletten!

Îyet s tîfaut / terahut / zez̲z̲iwen.
Îyet s tûfat / tarut / az̲uz̲edj. (H)
eine am Morgen / Mittag / Abend
Eine am Morgen / Mittag / Abend!

Esu âman i edjdjûtnin!
Esu aman i edjôtnin! (H)
trink Wasser welches viel
Trink viel Wasser!

Sels alyad ennem!
Sels arraw ennem! (H)
bedecke Kind dein(w)
Deck dein Kind zu!

Ahâk âshel et tedjed eshshaok(a) îyet.
Ak ahel ét tedjid anâzma îyen. (H)
jeder Tag ZUK du-machst Nadel eine
Du bekommst jeden Tag eine Spritze!

Ekel ar kerad shilân!
komm bis drei Tage
Ekel ghred fell kerad hadân. (H)
komm ruf bis drei Tagen
Komm in drei Tagen wieder!

Krankheiten & Beschwerden

téhirt	Asthma
tizunghah	Auswurf
azzal en tésa	Durchfall
takéitékit	Dysenterie (Ruhr)
térwa	Entbindung
tuqqut	Erbrechen
edjéburu	Erkältung
tezzaq	Fieber
tezza d édjéburu	fiebrige Grippe
ti n dekret	Hepatitis
tésut	Husten
arazzi	Knochenbruch
tanannâghat	Kolik
amenus	Lungentuberkulose
takerawat	Ohnmacht
tésemdé ta n ghésan	Rheuma
meslagh	Sand im Auge
tekmu	Schmerzen
tuzzîrt	Schmerzen (stark)
tidé	Schweißausbruch
amahar	Syphilis
ughud	Verbrennung
abwis/ibwîsen	Wunde

Der Körper

afus/ifassen	Arm
tit/tittawin	Auge
tamghast/timghâs	Backenzahn
tésa/tisatin	Bauch
ader/édaren	Bein
ahni	Blut
efef/iféfan	Brust (weibl.)
adanen	Eingeweide
adad/idédwan	Finger
téroghé	Galle
afus/ifassen	Hand
élem/ilémawen	Haut
ul/ulawen	Herz
eghes/ighésân	Knochen
eghef/ighéfawen	Kopf
tarut/tarutin	Lunge
emi/imawen	Mund
andjur	Nase
tagzelt/tigezzâl	Niere
tamezzuq/timezzûdjen	Ohr
awlid	Penis
arori	Rücken
ahila wa-n aman, awâs	Urin
akédil	Vagina
khanina	Wirbelsäule
essin	Zahn

Falls Sie eine „Apotheke“ suchen, fragen Sie nach …

farmasî; édég wan (i)sefrân; khawanît wan (i)sefrân	Apotheke

Toilette

In der älteren Tuareg-Sprache gab es für „Toilette“ und „Wüste“ das gleiche Wort. Man ging also einfach hinter die nächste Düne. Gereinigt wird sich mit Wasser und der linken Hand, weswegen diese auch als unrein gilt.

Wer sich daran nicht gewöhnen möchte, sollte sich frühzeitig mit einem robusten Vorrat an Toilettenpapier eindecken, der auch einen mittelprächtigen Durchfall überdauert. Während die saharischen Tiefbrunnen oft Mineralwasserqualität besitzen, werden offene Wasserstellen oder flache Brunnen in Wadis auch als Viehtränke verwendet, worauf europäische Därme oft empfindlich reagieren.

Indêk lâdush?
wo Dusche
Wo ist die Toilette?

Arhêgh ekkegh lâdush.
ich-mochte ich-gehe Dusche
Arêgh ed akkêgh ténéré. (H)
ich-mochte ZUK ich-gehe Ebene(=Wüste)
Ich muss mal.

Arhêgh âman ed sirdegh ifâssan în.
ich-mochte Wasser ZUK ich-wasche Hände-meine
Ich möchte gern Wasser zum Händewaschen haben.

Arhêgh ed ekkegh lâdush.
ich-mochte ZUK ich-gehe Dusche
Arêgh ed akkêgh ténéré. (H)
ich-mochte ZUK ich-gehe Wüste
Ich möchte zur Toilette gehen.

Ebdid shik! Ekkegh lâdush!
halte schnell, ich-ging Dusche
Halt an, ich muss dringend austreten!
(Es geht darum schnell anzuhalten, z. B. wenn man mit Durchfall in einem Bus sitzt)

Nek (H: nekkunan) **arhêgh ahîn edjegh awâs.**
ich ich-mochte jetzt ich-mache Urin
Ich muss mal pinkeln.

In Gaststätten und Rasthäusern gibt es nicht immer fließendes Wasser. Man schöpft dann das Waschwasser aus einem größeren Behälter. Man sollte übrigens nicht selbstverständlich davon ausgehen, immer kostenlos seinen Wassertank auffüllen zu können.

Schimpfen & Fluchen

Die folgenden Beschimpfungen werden nicht zur Nachahmung empfohlen, sie sind lediglich dafür gedacht, sie als solche einschätzen zu können. Da die Tuareg den Fremden grundsätzlich mit Respekt gegenübertreten, würde es auch einen sehr schlechten Eindruck machen.

Verbreitet unter befreundeten Tuareg sind jedoch neben Liedern, Rätseln und kleinen Geschichten auch Scherzbeschimpfungen, mit denen sich zum Beispiel Karawanenmitglieder bei den oft monotonen Reisen munter halten.

Die Tuareg sind ein fröhliches Volk. Wer einmal sich neckende und balgende Tuareg gesehen hat, wird das landläufige Klischee vom unnahbaren und stolzen Stammeskrieger auf eine sehr lustige und lebensfrohe Art revidieren können. Trotzdem sollte man die als Tourist selbst nicht anwenden.

Kay tolahed dêdi!
Kayyunan tolêd dêdi. (H)
du du-ähneltest Hund
Du Hund, du!

Kay êshed! (scherzhaft)
Kayyunan éyhed! (H)
du Esel
Du Esel!

Tammuted!
du-starbst
Verrecke!

Notsituationen in der Wüste & Hilferufe

Die Wüste – und gerade die Zentralsahara – verzeiht nicht immer Fehler. Wege gibt es wenige und Brunnen sind selten. Tückisch sind auch Feinsandfelder wie in der nördlichen Ténéré und Sandstürme. Für einiger dieser Situationen sind hier eine Handvoll wichtiger Sätze und Phrasen zusammengestellt. Die meisten einheimischen Führer orientieren sich an sichtbaren Geländemerkmalen, wie Bergen, der Farbe des Sandes, aufgetürmten Steinmännchen und Windrippeln, so dass ein tagelanger schwerer Sandsturm eine sehr große Schwierigkeit darstellt. Weitere Probleme sind plötzliche Krankheiten und Unfälle in unwegsamem Gelände.

Ilâl ahi!
hilf mir
Hilf mir!

Shîk, shîk!
Armed, armed. (H)
Schnell, schnell!

Tashshelt!
Eine Viper!

Tezerdemt!
Ein Skorpion!

Teksh ahi tâshshelt!
sie-aß mich Viper
Eine Viper hat mich gebissen!

Teksh ahi tezerdemt! / **Eksh ahi egherdem.**
sie-aß mich Skorpion
Ein Skorpion hat mich gestochen!

Notsituationen in der Wüste & Hilferufe

Die allermeisten nomadischen Tuareg sprechen außer Tuareg höchstens noch ein paar Brocken Arabisch bzw. Haussa im Niger oder Bambara in Mali, jedoch keine europäischen Fremdsprachen. Üben Sie daher die hier aufgeführten Sätze für den Notfall.

Viele Lieder singen über Durst und die Härten des Wüstenlebens. Ein hochentwickeltes Sozialsystem verpflichtet jeden Tuareg zur Hilfe im Notfall, denn nur so kann er sich darauf verlassen, selbst Hilfe zu bekommen, wenn er in Not geraten ist.

Ekf ahi d âman! / **Awi d âman!**
gib mir hier Wasser / gib hier Wasser
Gib mir Wasser!

Ilâl ahi lîgh mushkil dagh essahrâ!
hilf mir ich-hatte Problem in Wüste
Hilf mir, ich habe ein Problem in der Wüste!

Lîgh aw-âdem ighê sinendafen dagh essahrâ!
ich-hatte Mensch er-leidet er-ist-verletzt in Wüste
Ich habe einen Verletzten in der Wüste!

Lîgh âmidi (î)yen dagh essahrâ irhâ n télilt.
ich-hatte Freund ein in Wüste er-brauchte von Hilfe
Ich habe einen Freund in der Wüste, der Hilfe braucht.

Idjâ (a)ñbann! / Taghsha taghara nnit! (H)
er-machte Panne / sie-scheiterte Lage seine
Er hat eine Panne!

Enta derogh ed teñgha fâd wer ih(â)-ê âman.
Enta derogh ed teñgha fâd ul ill(ê) âman. (H)
er fast ZUK sie-tötet Durst nicht-er-war-in-ihm Wasser
Er ist am Verdursten und hat kein Wasser.

Int(a) erhîn.
er er-war-krank
Er/sie ist krank.

Okaran (e)d (i)maqraden!
sie-stahlen hier Räuber
Er wurde ausgeraubt.

Okaran ahi imaqraden.
sie-stahlen mich Räuber
Man hat mich ausgeraubt!

Nek arhêgh ...
Nekkunan arêgh ... (H)
ich ich-mochte ...
Ich brauche (ein/en) ...

karhabâ	Auto
anesbarîd; elgîd	Führer
âman	Wasser
gazwal	Diesel
lêséñs	Benzin

Nek addôbegh ed ashlegh!
Nekkunan addôbegh ed ezlegh. (H)
ich ich-konnte ZUK ich-bezahle
Ich kann bezahlen.

Wer essenegh abarîd!
Wer essenegh abareqqa! (H)
nicht ich-wusste Weg
Ich weiß nicht den Weg./Ich habe mich verirrt.

Indêk abarîd es ...?
Minek abareqqa es ...? (H)
wo Weg nach ...
Wo ist der Weg nach ...?

Literaturhinweise

Wer noch ein bisschen mehr über die Tuaregsprache erfahren möchte, kann sich hier orientieren. Allerdings ist dafür die Kenntnis des Französischen erforderlich.

Die hier genannten Bücher/Schriften sind nicht über den Reise Know-How Verlag erhältlich.

- Anonym: **Avec les Touaregs-Initiation a la Tamahaq,** Tamanrasset
- Anonym: **La bonne nouvelle dans la langue des Touaregs de l'Air,** Cooperation evangelique au Niger, Agadez 1990
- Aghali-Zakara, Mohamed: **Psycholinguistique Touarègue-Interférences culturelles,** INALCO, Paris 1992
- Barthé, Albert: **Manuel élémentaire de conversation Touarègue,** Langues et dialects d'outre-mer IV, Paris (ca.) 1950
- Cortade, Jean-Marie: **Essai de grammaire Touareg (dialect de l'Ahaggar),** Institut de Recherches, Algier 1969
- Cortade, Jean-Marie: **Lexique Français-Touareg,** Arts et Métiers Graphiques, Paris 1967
- de Foucauld, Charles: **Notes pour servir a un essai de grammaire Touarègue,** Algier 1920
- de Foucauld, Charles: **Dictionnaire Touareg-Français,** Imprimerie Nationale, Paris 1952
- Petites Soers de Jesus: **Initiation a la Tayart,** Ouagadougou 2002

Wörterliste Deutsch – Tuareg

Hier einige wichtige Hinweise für den Gebrauch der Vokabelliste:

●**Hauptwörter:** *Sind zwei Tuareghauptwörter durch einen Schrägstrich (/) getrennt, z. B.:*

Schleier tagelmûst/tîgelmûsîn

... so ist die erstere die Einzahl- und die zweite die Mehrzahlform. Folgt auf nur ein Tuareghauptwort ein Semikolon, so handelt es sich bei dieser Form um die Einzahlform, z. B.:

Zoll lâdiwân; elkhukûm

Ein Semikolon trennt im weiteren Synonyme voneinander, z. B.

Volk tômast/tômasîn; tâkhleqt/tîkhlekên

Ein „–" bedeutet, dass die entsprechende Form entweder nicht zu erfahren war oder nicht gebräuchlich ist. Im folgenden Beispiel ist nur die Mehrzahl gebräuchlich:

Zeugen –/eshshuhûd

In Klammern gesetzten Abkürzungen geben an, aus welchem Dialektgebiet dieser Ausdruck stammt:

A in Algerien gebräuchlich
Aj Ajjer-Dialekt
Dj Dialekt von Djanet
H Hoggar-Dialekt
M Dialekt des Adrar des Iforas in Nord-Mali
N Air-Dialekt (Niger)

Ist keine Herkunft angegeben, so ist es das im Adrar des Iforas gebräuchliche Wort.

Weiterhin steht Mz für Mehrzahl.

●**Verben:** *Es stehen maximal fünf Verbformen nebeneinander, die durch einen Schrägstrich getrennt sind. Die erste Verbform ist der Imperativ 2. Person Einzahl („schlaf!"). Die zweite Verbform ist der Imperfekt (unvollendeter Aspekt) der 1. Person Einzahl („ich schlafe"). Die dritte Form ist die 3. Person Einzahl männlich der Vergangenheit (vollendeter Aspekt) („er schlief"). Die vierte Form ist die 1. Person Einzahl der Vergangenheit („ich schlief") und die fünfte Form ist die 3. Person Einzahl männlich der Intensiv-Gegenwart („ich schlafe!"). Dort, wo die Aufzählung lückenhaft ist, war diese Verbform nicht zu erfahren oder nicht gebräuchlich.*

Achtung: *Im Grammatik- und Konversationsteil werden nicht alle 5 Verbformen aufegführt, sondern jeweils nur die 1. und 3. aller fünf Verbformen!*

A

Abend tadeggät; tädwît; zezziwen

Abendbrot amensu; amedjin; tîsotsîn

aber beshshân

abreisen egel/eglegh/iglâ/eglêgh

absteigen eres/-/irâs/-/

Abtreibung ûshûf (H)

acht ettâm

Achtung! esôhed! Uksad!

Adresse elunwân; édég fulân; édég aw âdem

ähneln alah/alhegh/olah/olahegh

Akkusativanzeiger (wen?/was?) i

Algerien Eddezayer

als âs

alt iru/terûd

alt sein eru/-/iru/-

Alter (Jahre) îwetyân

Andenken sûfenîr/sûfenîren

anderer dar

Angestellter anâkhdim/inâkhdamân

Angst tûksadá; udjedded

Angst haben uksâd/-/oksôd/-/îtuksâd

Anhänger, fünfgliedriger khômëissa/khômëissaten

anheben (s)etkel/etkelegh/îtâkkal/tâkkalegh

ankommen awd/awdegh/-/owedegh; os ed/ôsa ed/âs ed/-

ankündigen ann/annegh/ann/-/îdjânn

anprobieren âgham/-/-/-/îtîghem

anrufen -/-/îtelfen/-/itâtelfân

anschauen eswed/eswedegh/iswed/-; inhi/inhiyegh/-/-/îhânni

Antwort isalan

Anzeige ishká

anziehen (s)els/alsegh/-/alsegh/élâss

anzünden sîk/sîkugh/-/-/

Apfel eddeffâh

Apotheke farmasî; édég wa-n (i)sefrân; elkhawanît wa-n sefrân

Aprikosen elmishmâsh

Arbeit elkhedmet; elghamel; eshsheghel

arbeiten akhdem/akhdemegh/-/-/ikhâddem

Arbeiter anâkhdim/inâkhdamân

arm tâlaqqay; talîqaw

Arm afus/ifassen (H)

Arzt addabîb/îdbab; déktéru/déktéruten

Asthma téhirt (H)

atmen sûnfes/-/-/-

auch aked

auf fell

aufbewahren ardel/ardelegh/-/ardelegh

Aufenthaltsgenehmigung tamezzuq; iqâma (Dj)

aufhören zu sein iba/-/aba/-/

aufpassen uksâd/-/oksôd/-/îtuksâd

aufsteigen awn/awnegh/yewân/-/

Auge têt/têtawén; tit/tittawin (H)

Ausfahrt tazezdjert (fak: + dagh akal) (Dj); tâsembaq (M)

Ausfuhr âgay

Ausland idjmâd aghrém; idjmâd akal (M); isdjâr akal

Ausländer algharîb; amadjdjâr(Gast)

Auspuff êshâkma

Ausreise îsdjâr aghrem; îmbâgh aghrem

ausruhen sûnfu/-/yessûnfâ/-
außer ar
Aussprache sîwel
aussprechen sîwel/sîwelegh/assîwel/assîwelegh
aussteigen azubad/-/itizubad/-
Ausstellung asestedj; âdjalâq (M)
austauschen semmeskel/semmeskelegh/ismeskel/asmeskelegh/îsâmmaskal
austrocknen sîghar/-/-/-/îtîghâr
Ausweis alkâd
Auswurf tizunghah (H)
Auto tôraft/tôrfîn (M/H); (al)karhaba/(al)karhâbaten (A); mauta/mautaten (N)
Autobus âlkar
Automechaniker aw âdim wa ikannen alkarahaba
Autowerkstatt élgarâsh/élgîrashen

B

Bach ândji/îndjiten; tadjirt (H)
Backenzahn tamghast/timghâs (H)
Badehaus/Hammam elkhammâm; tédébbért/tîdebrîn
bald ishwâr; derogh (H)
Bananen elbanân
Bank elbânka; édég wa-n azref/édégîn wi-n azref
Bargeld azref//irzâm
Bart tamârt/tîmarên
Batterie ettaghmêr/ettaghmêratên
Bauch tésa/tisatin (H)
bauen ibnî/-/ebnû/-/ibînnu
Bauer aw âdem wa-n shekrâsh; aw âdem wa-n fardjân (M)
Baum âheksh/îhekshân
Beamter anâkhdam
bedecken (s)els/alsegh/-/alsegh/élâss
Bedeutung sishsheghel
beeilen, sich (schnell machen) edj shîk/edjegh shîk/idjâ shîk/djêgh shîk
beginnen sant/santegh/issânta/issântegh
Behörde amenôkal/imenôkalen; îdarât/îdaratên
bei ghor; dat
Bein ader/édaren (H)
Beispiel dêrhan/dêrhanen
bekommen idjrew/edjrewegh/edjru/edjruwegh/îdjârraw
Benzin lêséñs
Berg âdrar/îdraren (H); adghar/êdaghen (M)
Berg, klein esewwel/îsûlân
Beruf têkarét
beschützen âgez/agzegh/ôgaz/ôgazegh
Beschwerde ishká/eshakawen
besitzen ikresh/ikreshegh/ikresh/ikreshegh
Besitzer mess-is/messisen
besser gehen -/-/-/eshshimegh
besser sein uf/-/yûf/-/
bestätigen tâbbat/-/etbet/etbetegh; zigzen/zigzenegh/azegzen/azegzenegh

Bestechung arrashwa
Besuch asaghli/ îsaghliyen
besuchen zardesh/ zirdeshegh/izardesh/ ezzirdeshegh
beten umad/ûmadegh/ amud/amudegh
betrachten eswed/ eswedegh/iswed/-
Bett assarîr/assarîren; âseftegh/îseftâgh (M); elmatrah (H)
bevor dat; âs
bevorzugen suf/-/ yessûf/-/
bewachen /-/ aghassegh/-/ aghissegh
bewahren âgess/-/ t̲îgess/-/îgâss
Beweis ased̲et̲i/ îtised̲ûta
bewirten /-/ simmedjuregh/-/ asmadjaregh
bezahlen arz̲/arz̲egh/ irz̲â/arzêgh; -/-/-/ ashlegh
Bier elbîra
Bild teswêra/ teswêratén; feto/ fetotén (N)
billig rakhîs/terakhîset; raqîs/-
bis dass ar
bis später ar elwaq îyen
bis wann? har emmi?
Bitte érhá/térhawén; telâber
Blatt (Papier) takârté/ti- kârdiwîn; alkad/alkâ- den (M)
blau idelin/tidelit
Blitz (Foto) elflash
Blume afella n (a)heksh/êfallatén n aheksh; tasedwelt n aheksh/tîsedwilîn n aheksh
Blut ashni; ahni (H)
Boot safîna; felûka(klein)
Botschaft assafâra
braten señ/señegh/âseñ/ aseñegh/îsâñña
Brauch êtéri (M); élghâda/élghâdatén (Aj)
brauchen erh/erhegh/irhâ/ arhêgh/îrihû
Brause algazez
Braut tanâzlaft
Bräutigam anazlâf
brechen (Holz) arz̲/ar- z̲egh/irz̲â/arzêgh
Bremse elfrân/frânât
brennen /-/-/irgha/-/
Brennholz iseghir/ iseghirén
Brief takârdé/ tikârdiwîn; têrawt/ térwîn (N)
Briefkasten essundûq wa-n sissîwiyen
Briefmarke éttêmber/ (ét)têmbérén; -/tanâber
Briefumschlag ad̲d̲arf; wa itîgz̲en takârdi; eñvelop
Brille têsétén; tîsatên
bringen awi/awyegh/ iwey/-/îtiwi
Broiler isân n tekezzit; isân n tekedjdjit(AJ)
Brot tâdjella/tîdjelwîn; boro (N)
Brücke buhu/buhutan; éssett wa itéwen ândji
Bruder amadrai/ îmadrayén; ashaqqar/ îshaqqaran (N)
Brunnen ânu/ûnân
Brust (weibl.) âdmar/ îdmaren (H)
Buch élketâb/ékettâben
Buchstabe âshekkél/ îshekkélen
Büro almaktab (Dj/Aj); édég wa-n amenokalen (M/N); élbêro; élbêrotén
Bus âlkar; édeg wa-n sir- kulasioñ
Busen éfef/îfafân

Bushaltestelle édeg wa-n elkaren
Butter ûdi

C

Campingplatz kômpiñ
Charakter alkhâl
Chauffeur eshshofêr
Chef aménôkal/aménôkalen
Chef-Automechaniker mess is n elgaradj
Chili shêta

D

Dach esedagh/esedaghen
Dampfer élbâbur
danke! tannemert
Dattel têhéyni/tihâiniwîn
Dattelpalme tâzdjait
Datum ezzaman
Dauer ezzaman
Daumen êdjmesh/îdjmeshân
Decke azzawra/azzawratên
Decke (trad.) éghatêm/îghatémen
denken an -/eshinishûm dagh hâret/-/sheneshem dagh hâret
Deutsch almânîya
deshalb fell awên digh
Deutsche(r) almânî (M); talmânîyat(w); almânîyûn (Mz)
Devisen azref wa-n elkhâredj
Dialekt nadjaret
Dieb imaqrad/imaqraden; êbéydéq/îbéydéqen (N)
Diebstahl tîkra
diese tâ-degh (w)/tâgh (H); dîhâ-degh (m Mz/w Mz)/dihâd (H)
Diesel gazwal
dieser wâ-degh; wâgh (H)
Ding arat; haret/hareten (H)
Direktor elmudîr/elmudîren
Diskotek édeg wa-n eshshariten
Dolch âbzar/îbzarên
Dollar eddolar/eddôlarten
Dorf âghrem/îghraman; tâghramt/têghramîn; alkhaý/alkhaýen
dort sihé (Dj); sên (H); hine
dorthin în
Dose aus Kamelhaut talbittant/tâlbettanîn
drehen/sich eghle/eghléyegh/-/eghléyegh/îsâghghlal
drei kerad
du (m) kay/kayyunan (H)
du (w) kam/kammunan (H)
Dühne tasindjit/tisindjitin; tédeyen
Durchfall tôshala s tasá/azzal en tésa (H)
dürfen /-/isâdabegh/adôb éd/adôbegh/éssîdad; -/-/-/erdêgh
Durst fad(w)
Durst haben ufad/-/effûd/effûdegh
durstig affôd/teffôd
Dusche (a. Reinigung) lâdush; édeg wa-n esîrt
Dysenterie (Ruhr) takéitékit (H)

E

Ebene mit festem Sand étaghas
Ebene mit kleinen Steinen étaghas maqqôren hânet t tiwarayîn
Ehe éhen
Ehefrau tâmet/tîdidîn
Ehemann ahâlis; âles (H)/mêdden

Ei (M: Hoden) -/tîsatalîn (Dj/A/H/M)/tékakit/tîkakitîn

Eigentum anesbaghor/inesbaghar; telá (M)/telawin

einfach iraqîsen/tiraqîsen; wer ferôr; wer tefrêr

Einfahrt tazûdjest

Eingang tasisdjert; ta-simbá

Eingeweide adanen (H)

Einladung îgharened éhen

eins iyen/iyet

einsteigen înî/anyegh/îney/néyegh

eintreten eggesh/eggeshegh/-/iggeshegh/itâggesh

Einwohner amezzar/îmazzaran

Eisen tézôli/tézôliyawén

Elektrizität êfyu; aday

Elle (Maß) ghéllén

Eltern âbbaten

empfangen -/semmedjur/simmedjuregh/-/asmadjaregh

Ende asemmend/îsemmenduken

Engländer inglîzi

Englisch englizîya

Entbindung térwa (H)

entwickeln (s)ezdjer/(s)izdjeregh/-/ezdjeregh/îzâzdjar

er enta

erbrechen -/-/-/tiqogh

Erbrechen tuqqut (H)

Erde akâl

erfahren esel/-/islâ/-/sâll

Erfolg âskabbar

Erg (Sandgebiet) édjef/édjefen; -/êdeyen (Dj)

ergreifen ettef/-/attif/-/éttâf

erheben etwas (s)et-kel/etkelegh/îtâkkal/tâkkalegh

erhitzen /-/suksegh/-/suksegh/

erholen sûnfu/sunfegh/-/asûnfegh

erinnern eshneshdju/sheneshdjumegh/ashneshdjam/ashneshdjamegh; ektu/-/iktâ/-/

Erinnerung timmâdriwin

Erkältung éseméd; edjéburu (H)

Erlaubnis taghari/tîgharit

ermüden êldesh/eldeshegh/-/aldashegh/îlâddesh

ernähren/sich eksh/ekshegh/ikshâ/ikshêgh/itâtt

erreichen(Ort) awd/aw-degh/iwed/owedegh

erschöpft sein -/-/-/eddâshegh

Erschöpfung eddesh; ôdoh (H)

ertragen (s)etkel/etke-legh/-/-/îtâkkal

erzählen edj tanfust (=Erzählung)/edjegh tanfust/idjâ tanfust/djêgh tanfust

Esel êshed; éyhed

essen eksh/ekshegh/ikshâ/ikshêgh/itâtt

Essen/Lebensmittel asink/isinkawen; tétété

Essig alkhall

Etage êtadjen; êdes enhanan n afella

etwas antekken/andukken (H)

Euro elyûro/elyûroten

Europäer kûfar

F

Fabrik édeg wa ikannen; aluzîn
Faden ténélé/tînelwa
fahren (Fahrzeug) sheffer/eshefferegh/-/eshiffaregh
Fahrer eshshufêr
Fahrkarte alkard wa-n esîkel/alkarden wa-n esîkel; alkâd wa-n téklé/alkâden wa-n téklé
Fahrrad bisiklé/(el)tebûseklên
fallen êdu/yedwegh/ôda/ôdegh/îtêddu
falls innar; kud
falsch wer ikná/wer tikná
Familie éghêwén/ighêwénén
Familienname isem n éghêwén
Farbe allôn/ellawanen
Farbfilm elfilm wa-n ellawanen
fasten azum/azumegh/uzâm/uzâmegh
Fehler îghshed/ighshâden
Feier ezzeho/ezzehoten
Feigen elkermûz
Feinsand elkem; abâlaq; atasindji
Feld (Acker) édég wa-n êhikshen
felsiges Gebiet akal andarran
Fenster attâga/attâgatên
Ferien elghutla
fern sein adjedj/-/udjedj/-
Fernseher telefizion
Fest ezzehu/ezzehûten
Fest(rel.) amûd/îmaden
Feuer êfyu/êfyuwen; temsé (H)
Feuergrube abatul
Feuerzeug leberîka/leberîkatîn
Fieber tûksé; tezzaq (H)
Film elfilm/elfilmen; pirikîl (H)
Film (s.-w.) elfilm wa kawwalen ed wa mellén
finden idjrew/edjrewegh/edjrû/edjrâwegh/îdjârraw
Finger aseked/îsekâd; adad/idédwan (H)
Fingerring tések/tîskîn
Fisch êmen/îmanan
Flasche tashôka/tishôkawîn; elkará
Fleisch isân (Mz)
Fleischer eldjazzâr
Fliege tesîst
fliehen edjmed/edjmedegh/-/êdjmadegh
fließen âzl/âzlegh/ôzâl/ôzâlegh
Flirt tîmelagasin
Flughafen mabâr/elmabaren; elmatar
Flugticket tîki/tîkien
Flugzeug ettâira/ettâiraten; âghlal (N)
Fluss ândji/îndjiten
Formular alkâd/alkâden
Foto eddeswêra/eddeswêraten
Fotoapparat élkâméra
fotografieren -/-/itâsawwar/-
Frage asestân/îsestânen
fragen sesten/sestenegh/-/essistenegh/îsâssten
fragen, nach edjmey/-/-/edjmeyegh/idjâmmey
Franken, Schweizer frank swisrî
Frankreich Frânsa
Französisch tefrânsist; takâfart (H)
Frau tâmet/tédedén
Freund amidi/imîdiwan
Freundschaft temêdwa
Frieden assalâm; tamazêt; alkhêr

frieren (Kälte fühlen) -/âfreyegh esemêd/ôfrey esemêd/ôfreyegh esemêd

frittiert magli; wan elkôshatên

Frucht elkhadra/ elkhadratên; âshekshu yazed/îshekshân yâzednên

Fruchtsaft âman elkhadratîn; alasîr

früh djenidj elwaq; dagh ezzamân

Frühling tafsît (M); âkasa

Frühstück elfutur; âmedji wa-n tûfat; alfutûr wa-n tîfaut

fühlen îfri/âfreyegh/ ôfrey/ôfreyegh

Führer anesbarîd; elgîd

Führerschein elbêrmi; alkard wa-n eseklu n tôraft

Führung âsaghlî s anesbarîd

fünf semmus

Fuß âder/êdaren

G

Gabel alforshita; tesôkalt ta-n (e)ssînen

Galle téroghé (H)

galoppieren (rennen auf Kamel) âzl fell emis/ âzlegh fell emis/-/ ôzâl fell emis/ ôzâlegh fell emis

Gang (Auto) vitês; elvitês

Garten afaradj/ifardjân

Gas alghâs; algâs

Gasse ezgâg/ezzegagén

Gast âmedjdjâr/ îmadjdjaren; anâfdagh/înafdaghen

Gastfreundschaft asemmedjûru

Gastgeber wa-n médjdjar/ wi-n médjdjaren; wa-n anâfdagh

Gaststätte édeg wa-n amensi; matam; édeg wa-n tétété/édegin wi-n tétété

gebären /-/arwegh/ ôraw/ôrawegh

Gebäude elkhiyât/elkhiyâten; adjâder/îdjûdjar

geben ekf/ekfegh/ikfâ/ ikfêgh/îkâffey

Gebet amûd

Gebetsruf aghora

Gebirge êdaghan/îdrâghan; adghar/êdaghen; âdrar/îdraren (H)

gebraten iñá

Gebühr arrusum

Geburtstag azr wa-n tîwid

gedulden, sich zeyder/ -/yezeyder/-/

Gefahr adjiniyet

gefallen -/idjrâz/-/-

Gefängnis alkhabs

Gefäß (trad.) akeber/ îkebrân

Gefühl âféri

gehen egel/eglegh/iglâ/ eglêgh; ekk/ekkegh/ ikkâ/akkêgh

Gehen téklé

gehetzt ser rimmad

gekocht iñá

gelb iyaraghen/ tiyaraghat

Geld azref/îzerfân; arriyal (H)

Geldbörse ezbâm/ ezbâmen

Gemüse alkhadra/ alkhadratén

genau! ezzi; yâ messinegh

genauso wie schund; hund (H)

Genitivanzeiger (wessen?) n

Gepäck ilalan; kaya (H)

Geschäft éddekân ; buteki (N); alkhânût (Aj)

Geschenk tessîwid/ tessîwi

Geschichte (Erz.) tanfust/tînfusîn
Geschichte (Hist.) attarîkh; ezzaman
Gesetz alqânûn/alqânûnen
Gesicht ûdem
Gespräch imadjered/îmedjriden; tanfust/tînfusîn
gestern end ashel; end ahel (H)
gesund ighlâs/taghallâs
Gesundheit erhûdjak
geteilt durch ad-tenezen-mezley
Getränk tésési/tîsési
Getreide tasdîwed/îsedwîlen
Gewicht elwezn
Gewitter tamadalt
Gewürze elghekrîten
Gift assamm/assammen
Giftschlange tashshelt
Glas alkas/alkasen
glauben zegzen/zegzenegh/-/zegzenegh
Glück edîwet; tédewît
glücklich addîwed/taddîwed
Gold îglá
golden imellen/timellet
Gott Messînegh; Yalla
graben aghsh/aghshegh/aghash/aghashegh/îtaghâshsh
Gramm elgram
Gras/Kraut têyshi
greifen ermes/-/ermes/-
Greis (Ehrenbezeichnung) amghar
Greisin (Ehrenbezeichnung) tamghart
Grenze ihadem n akal; alkhudûd (M)
Grippe, fiebrige tezzaq d édjéburu
groß iwashsharan/tiwashsharat
groß werden edwel/edwelegh/-/edwelegh/îsâddwal
Größe (Kleidung) maneket ghéllén *(wie viel Ellen)*; maneket têrdas *(Spannen)*
Großfamilie addûnet/addûnetîn
Großmutter (väterl.) anna n abbânin
Großmutter (mütterl.) anna n annânin
Großvater abba n abbânin/abbaten wi washshaghanîn
grün isattafan/tisettafet
Gruppe éldjamâgha
Guelta adjelmam
gültig islâh; iknâ
gut sein /alegh/alghegh/ôlagh/ôlaghegh/
Gutes alkhêr

H

Haar imzad/âmzaden
haben el/lîgh/illâ/-/
Hälfte tezuni
Hallo! maidjan!
Hallo! (Telefon) halo!
Hals êri
Halskette tasghalt/tîsghalîn
halten ebdid/-/-/-/îbdâd
Haltestelle édeg wa-n tôrfîn; édeg wa-n alkâren
Hammam alkhammâm; lâdush; êgaded
Hammelfleisch isân n kerwât
Hand afus/ifâssan (H)
Handarbeit alkhidmet ta-n afus; ishshaghl wa-n afus
Handel ettidjâra
Handtuch elfôta; wa s timsi n îfassen
hässlich îleshshen/tîleshshed
Haus éhen/îhanân; taghashamt/tigheshmîn

Haut élem/ilémawen (M, H)
heben aṯqel/-/aṯqel/-/îdâqqel
heilen -/-/îẕey/eẕẕeyegh
Heirat éhen; âẕluf
heiraten iẕlâf/iẕlâfegh/eẕlef/eẕlefegh; edj éhen/edjegh éhen/idjâ éhen/djêgh éhen
heiß ekkûs/tekkûs
heiß sein ukas/-/yekkûs/-/
heißen (dein Name) omâs/omâsegh/môs/amôsegh
Held abarad
helfen îllal/(s)îlalegh/-/alilegh/îtîllal
Hepatitis ti-n dekret (H)
herausziehen ẕeẕdjer/-/éẕdjer/-/îsâẕdjar
Herberge édeg emmedjal
Herbst ghârad
Herde telâ
Herr amenôkal/imenôkalen/mess is
herrschen -/iẕmemegh/aẕmem/aẕmemegh/aẕêma
herstellen eken/eknegh/iknâ/aknêgh
Herz ul/ulawen (H)
heute ashel wâ-degh; ahel wâ regh (H)
heute Nacht ehoḏ wâ-degh; ehoḏ wâ-regh (H)
hier dîhâdegh; digh; dâdegh
hier! negh wa (H)
hierher ed
Hilfe télilt
Himmel ishennaun
hinter dar
Hirse énélé
hoch Îsedjrîn/tîsedjrêt
hochgehen awn/awnegh/yewân/-
hoffen sedderhen/siddirhenegh/-/adôrhenegh/îsâdérhân
Holzlöffel tôkalt/tôkalên
Honig tôraut
hören sedjed/-/esdjed/-/
Hotel édeg wa-n âftaghan; édeg wa-n ténéssi/édegin win ténéssi
Hügel téhé
Huhn tékeẕẕit/tikaẕẕitîn
Hühnchen isân n tekezzit; isân n tekedjdjit (Aj)
Hund dêdi; éydi/îyedân
hundert témédé/timâd
Hunger lôẕ; lâẕ (H)
hungrig enaqi lâz/enaqêt lâz
hungrig sein ulaẕ/-/elloẕ/-
Hupe klaksoñ
Husten tésut (H)
Hygiene/Sauberkeit âsesdjidj

I

ich nek; nekkunan (H)
ihr (m) kawaniḏ
ihr (w) kémetiḏ
immer harkûk
Import asisdjer
in dagh
in etw. sein eh/-/ihâ/-/
Indigo sedjni
Industrie amôkel
Informationen isalan; âlmuḏ
insbesondere hullan
Insekt (a. Käfer/Larve) taukki/tiwukkawîn
Internat lañternat
ist gleich (Math.) ad-yekfen

J

ja ewalla; ayo
Jahr âwetay/îwetyân
Jahreszeiten tiwatriwîn ti-n awetay
jammern -/ôẕayegh/aẕûy/aẕûyegh

jene tên(w); sihên-degh (m/w Mz)/sihên (H)
jener wên
jetzt edjôd; imâgh; ahîn
Journalist wa-n (i)salan
Jugendherberge éhen wa-n shômar; éhen wa-n temedrît
Junge alyad/ilyaden; arraw/arrawen

K

Kaffee elqahwa
kalt sammêd
kalt sein ismad/-/semmîd/-/îsâmmêd
Kälte esemêd/îsemdân
kaltes Wasser âman samêdnîn
Kamel alam/imnâs; âlem/âlemen (N); âmis/imnâs (H)
Kamelstute talamt/tollemin
kämpfen iknes/eknesegh/-/iknesegh/îkânnes
Käse tjikammarên
Kasse sundûq wa-n âzref
Kassette (Musik) eshsherît/eshsherîten
kaufen sheñsh/sheñshegh/isheñsha/sheñshegh
Kellner anâkhdam (M)
Kellnerin tanâkhdimt(w)
kennen (wissen) essen/issenegh/issân/issânegh
kennen (selbst gesehen) ezzi/-/-/-/izzây
Kerze eshshâmá/eshshâmaghen
Kiesel tawrait/tiwarayîn
Kind ilyaden/arraw/arrawen (H)
Kino essanîma
Kissen adeffôr/îdefrân
Klage ishká
kleiden sich els/alsegh/elsâ/alsegh/élâss
Kleidertasche aus Leder (groß) eldjebîra/eldjebâraren
Kleidung iselsa; tilessa
klein îmeçeqqen/tîmeçeqqet; îgezzûlen/tîdjezzûlet
Kleingeld âzref ençekken
Knoblauch ettôm
Knochen eghes/ighésân (H)
Knochenbruch arazzi (H)
Koch wa isannén/wi sanyanîn; elkuseini (H)
kochen (s)eñ/(s)eñegh/iña/eñegh
Kochtopf tîghért/tîghêrên; éghér; elberma
Koffer essunduq/essunduqen; falîza
Kolik tanannâghat (H)
kommen eyo/ôsegh/âs/âsegh
kommen aus -/aflegh/-/fâlegh
können /-/isâdabegh/adôb éd/adôbegh
Konsulat elqunsul
Konzert (Musik) ezzuhûr n essâhar
Kopf eghef/ighéfawen (H)
kotzen issirdj/asîsredjegh/asrûdj/asradjegh/îtusrâdj; -/-/-/tiqqûgh
krank erhên/terhîn
krank sein erhîn/-/arhîn/arhînegh
Kranke/r imârhîn
Krankenhaus sbétar; lâkhdôr (M)
Krankheit torhena; turna (H)
Kreuz von Agadez ténéghélt/tîneghelîn
Krieg akennas (M)/ikennasen; âmdjar (Aj)/îmdjaren (N)

Krokodil aghaṯa
Küche kuzeina (H)
Kühler radiatör
Kühlschrank frîgu
kümmern, sich âgeẕ/agẕegh/ôgaẕ/ôgaẕegh
Kunst ilfann wa yehôseyen; ilfann wa yehôskeyen (M)
Kupplung eñbrayâsh
küssen /-/emmolegh/-/ammôlegh

L

Laden eddekân (M); elbuteki; alkhânût(Aj)
Ladenbesitzer mess-is n elbuteki; mess-is n eddekân
Lage tagharat
Laken êkeghshey wa mellen iwâr eseftâgh; êkershi wa-n eseftâgh; tîgest (i)wâr eseftâgh
Lampe albig
Lampe (Leuchte) trisîti/trîsititên; lâmba/lâmbatên
Land âghrem/êgharmân; akal/ikallen (M)
Landkarte téseknûnt ta-n (i)kallen
Landwirtschaft ta-n iheshkan; ta-n (i)shekrash
lang îsidjrên/tîsidjét
langsam anc̱ekken/âmc̱ekken; antekken; sullan; tja sullan
langsam! sullan sullan!
langweilen/sich (Einsamkeit fühlen) îfri iténéré/âfreyegh iténéré/ôfrey iténéré/ôfreyegh iténéré
lassen oyy/eyyegh/ôyâ/oyyigh
Laster djâk; mauta n tankart (N)
leben edder/-/-/-/iddâr
Leben tameddurt/iman
Lebensmittel asink; âmekli
Lebensmittelhändler aw-âdem wa-n elbuteki
Ledersack (mittelgroßer) ashshekwa/ashshekwatên
leer efrâgh/tefrâgh
legen eẕghagh/-/-/-
lehren selmed/selmedegh/selmed/selmedegh/îsâlmad
Lehrer eshshikh/eshshikhen/wa isâlmadin
leicht sein efsâs/-/fesûs/-
leicht (Gewicht) fisûs/tîfisûset
leiden (Leid sehen) inhi aghanan/inhiyegh aghanan/inhây aghanan/-/îhânney aghanan
leihen effed/iffedegh/-/effedegh
lernen elmed/elmedegh/elmed/elmedegh/îlâmmad
lesen aghr/aghregh/-/aghrêgh
Leute addûnet/addûnetîn
Libyen Libiya
Libyer Ellîbi
Licht éhanan
lieben erh/erhegh/irhâ/arhêgh
Lied assâhar/isûhar
Limonade algazez
Loch tanabâdj/tinabâdjin
Löffel tesôkalt/tîsôkalîn
Löffel aus Holz amôla/imolan
Lohn elkhak n anâkhdim
Luft élhawa
Luftpost barîd ahîn awed dagh shenawen
Lügner anesbahu
Lunge tarut/tarutin (H)

M

machen edj/edjegh/idjâ/djêgh; eken/eknegh/iknâ/aknêgh
Mädchen tâliyt/tilyadén
mal(Rechnen) ar-aqalen
Mali Mali
Malier Mali
manchmal alwaq alwaq; emir emir (H)/dêh îyen
mangeln an ifnes/ifnesegh/ifnâs/ifnesegh
Mann ahâles/médden
Markt azzâñzâr(M/N); essûq/essûqan
Marmelade kônfitür
Matratze âseftâgh/îseftâgh
Medizin asafâr/îsefrân
Meinung awan
Melone eddela
Melonen elbattîkh; addellâgh
Menge aydjên
Mensch aw-âdem
Messer elmusi/elmusiten; âbzar/ibzarên
Milch âkh
Milchnäpfe aus Holz mit Henkel akôs/îkassen
Milliarde milyâr
Million elmilyûn
Mineralwasser âman wi yehôseyenîn
minus efnesten dagh
mischen (s)emmertên/(s)immerteyegh/immartéy/immerteyegh/itâmmartay
Mittag terahut/tarut (H)
Mittagessen âmekli; amedjîn
mittelsüß idjét essukor; an normal
möchten erh/erhegh/irhâ/arhêgh
möglich tordêt s; ismâkh; arûw
möglich sein /-/isâdabegh/adôb éd/adôbegh
Möhren aldjazar
Monat éwor/ôran; tâllit/tîlél
Mond éwor; tâllit
morgen tîfaut; ashikel; tûfat (H)
Morgen tîfaut; tûfat (H)
morgen früh émghagh
Morgenröte elfedjur
Mörser/Trommel téndé/tendawên
Moschee tamezgida/timezgidawén
Motor elmotor/elmôtoren
Motorrad elmôto/elmôtoten
müde êddâsh/teddâsh
müde sein eddesh/-/iddâsh/-; eddeh/-/iddâh/- (H)
Mufflons odaden
Müll élwisakh
Mund am; emi/imawen (H)
Museum édeg wa-n essûfenir
Musik assâhar
müssen awr fell/-/iwâr fell/-/
Mutter ânna/ânnatén

N

Nachbar anharadj/anharadjen
nachdem ishmâd; dat
Nachmittag tadwit; tadekkat
Nachricht isalan
Nacht êhod/îhadân
Nadel anâzmal/inôzmal
nah ohâz/tohâz
nähern sich ahz/-/ôhaz/-
Name isem/isemen
Nase andjur; tinshâr (H)
Nationalität indêk dagh akallen; agg akal
Natur alkhâl n akal
neben dat

nehmen awy/awyegh/iwey/-/îtiwi
nein kala-kala; wâlu; bo
neu aynay/taynay
Neuigkeiten isalan
neun tezza
nicht bo; wer; kala (H)
nicht sein iba/-/aba/-/
niederknien lassen (Kamel) sedjen/-/esdjen/-/
niedrig sêres/seres
niemals fô
Niere tagzelt/tigezzâl (H)
Niger Nisher; Ayér
Nigerier Nisher
noch mal harwa
Nordafrika dagh aramas n ifrîkiya; dagh ataram n ifrîkiya
Norden ataram; aramas
Notwendigkeit eshshîl
Nudeln makrôna
Nummer ennîmero/ennîmeroten
nutzlos wer infâ hâret/wer tinfá hâret

O

Oase (Ort mit Palmen) édeg wa-n tîshdjayen
Oberarmring aus Stein akhbêy/îkhbéyén
Obst elkhadra
obwohl innin
oder migh
ohne wala
Ohnmacht takerawat (H)
Ohr tamezzuq/timezzûdjen (H)
Ohrring tazabût/tîzabûtîn
ok labas; alkhêr
Öl ezzêt; dîlwî; ûdi
Oliven azzeitûn
Onkel (mütterl.) amadrai/imadrayen; ashaqqar n annânin (N; M)
Onkel (väterl.) amadrai n abbânin/imadrayen n abbânin
Orangen adsdeshîn
Ordnen -/(s)endemegh/-/aneddemegh
Organ (Ding in dir selbst) haret dagh (i)man nek
Ort édeg/idegân
Osten afella; elqâblet
Österreich ennemsa

P

Paar essîn/essînisen
Päckchen tâbâkuk antekken; tabâkut (a)mecekken
Paket baki/elbâkiyat
Palme tâsdjait/tîshdjayen
Panne añbann
Parfüm elghitr
Park/Garten elkhadîqa
Pass basbôr; alkâd wa-n téklé djir akalen
Passweg tizi; têhé (H)
Pause tasûnfat
Pfeffer, schwarz shêta wa kawwalen
Pfirsiche alkhaukh
Pflanze aheksh/iheshkân; ashek/ishkân (H)
pflanzen sedwel/-/sedwel/îsâdwal
Platz étaghas; essâha
plus (Math.) ed
Politik essiyâsa
Polizist bolis/bolisten; lâbolis
Portemonnaie (tradit.) énaféd/înifdân
Post elbôshda; elbîro wa-n lâbost
Postamt elbîro wa-n têraut (N); elbîro wa-n elkâden; elbîro wa-n takârdé (Aj)
Postkarte elkarta ta-n elbôsta
Preis manekêt
preisen (Gott) -/-/-/edjôdeyegh

Problem mushkil/ elmashâkel
profitieren (essen) eksh/ekshegh/ikshâ/i kshêgh/
Programm elbarnâmedj
Pumpe elbômba

Q

Qualität alkhâl

R

Rad talakât; elrauda/ elraudaten; tasaghelét
Radio arrédio; radio (H)
rauben âqar/-/ôqar/-/ îtîqer
Räuber imaqrad/ imaqraden; êbéydéq (N)/îbéydéqen
rauchen (Tabak machen) edj tâba/ edjegh tâba/idjâ tâba/djêgh tâba
Raum taghashamt/ tîgheshmin; taghahamt/tîghehmin (H)
rausgehen edjmed/ edjmedegh/-/ êdjmadegh
Rechnung elkhesâb; amarwâs
Recht elkhaqq
reden sîwel/sîwelegh/ assîwel/assîwelegh
Regen âdjenna/ idjennawen
regnen (Regen schlagen) awt âdjenna/awtegh âdjenna/îwet âdjenna/ wetegh âdjenna
reiben âms/âmsegh/-/ ômesegh/itîmess
reich imidjerdjes/ timidjerdjest
reif sein eñ/-/iñâ/-
Reifen elbno
reinigen sîsdjidj/ sîsdjedegh/-/ assesdjedegh/ îsâsdjâdj
Reis tâfaghat
Reise asîkel/isîkilen
Reisebüro wikâlat ta-n (i)sîkilen
reisen sîkel/sîkelegh/ sôkal/sôkalegh
Reisender wa inai/ wi-n inéynîn
Reisepass (Karte des Gehens in Länder) basbôr; alkâd wa-n téklé djir akalen
rennen âzl/âzlegh/ ôzâl/ôzâlegh
reparieren eken/ eknegh/iknâ/aknêgh/ îkânn
respektieren sîmghar/ sîmgharegh/ assîmghar/ assîmgharegh
Restaurant êdeg wa-n tétété; édeg wa-n amensi
Rheuma tésemdé ta-n ghésan (H)
Richter elfaqi/elfaqiten
richtig (korrekt) adôdet/tadôdet
richtig! (ja, so ist es!) ezzi!; yâ messinegh!
Richtung âshut
Rindfleisch isân n tîsût
rösten señ/señegh/ âseñ/aseñegh/îsâñña
rot idjegaghen/ tidjegaghat
Rücken arori (H)
Rückkehr aqlit
rufen aghred/ aghredegh/-/-
Ruhe tesûnfat/ tîsunfatîn
ruhig essûnfá/tessûnfá
runter gehen zôb/ ezzôbegh/azzob/ azzobegh

S

Sache arat; haret/hareten (H)
sagen ann/annegh/innâ/-/îdjânna
Salat shlâta; ahelwâd
Salbe ashaway/ishawayen (M); briyenti (Dj)
Salz tîsemt
Sand tasindjit/tisindjitin
Sand im Auge (Krankheit) meslagh (H)
Sandalen (tradit.) éfédélên/îfédilên
satt adjîwen/tadjîwen
Satz (Gramm) imadjaret; tifér
sauber sadjîdj/tesadjîdjet
Sauce adaraz
sauer îsemmen/tisememed
Schaf ekrar/ekraren; -/éghéyden
schämen, sich (Scham fühlen) îfri îtekrâked/âfreyegh îtekrâked/ôfrey îtekrâked/ôfreyegh îtekrâked
Scheck ashshîk/shîkten
schicken sîwy în/-/assawy în/-/îsâsaway în; sôk/sôkegh/assôka/assôkegh
schlafen ens/-/insâ/-; attes/-/êttes/-
schlagen awt/awtegh/îwet/wetegh
schlau latayt/telatayt
schlecht îlebâsen/tîlebâset
schlecht sein eshshed/-/ishshâd/-
Schleier tagelmûst/tîgelmûsîn
Schleier mit Indigo gefärbt aleshsho; târi
schließen sakker/isekkeregh/isekker/isekkeregh
Schlüssel âseyâr/îseyaren
schmelzen îlyen/îlyenegh/ilyen/ilyenegh/ilâyyen
schmerzen ikm/-/-/ikmegh; -/-/edjraw
Schmerzen (stark) tuzzîrt (H); tekmu (H)
schmutzig ashergen/tashergen; ékhlá
schnarchen -/shekhuñshur/-/ashkhañsharêgh
Schnee êrhad/êrhaden
schneiden aly/alyegh/ôley/ôleyegh/îtîliy
schnell shîk(Dj/M); termad (H); hîk (H)
schön téhôskéy/téhôskéyéd
Schraubenschlüssel âseyar/îseyaren
schreiben ekteb/ektebegh/-/ektebegh
schreien înkr/enkeregh/inkr/inkeregh
Schuhe éfakel/îfeklân
Schüssel ettobsi
schwach ammôd/tammôd
Schwager adaggal/îdûlân
Schwägerin tadaggalt
schwanger -/etkeregh/etkâr/-
schwarz ikawwalen/tikawwalet
Schweigen sôsm/sôsmegh/assôsem/assôsemegh
Schweißausbruch tidé (H)
Schweizer Franken frank swisrî
schwer azzây/tazzây
Schwert takuba/tikubawîn (H)
Schwester tamadrait/timadrayen
schwierig essôhet; ferôgh; olghat
sechs sedis
Seele iman

sehen inhi/inhiyegh/ inhây/inhâyegh/ îhânney
sehr hullan
Seife essâbo/essâboten
sein (Existenz) el/lîgh/illâ/-/
seit wann? wa-n-emmi
selten (nicht häufig) wer idjit
Serviette essebnîya/ essebnîyatên
sie enta
sie (m) entanid
sie (w) entanétid
sieben seksek/-/ éseksek/-/îtâsaksak
sieben (Zahl) essa
Silber azref/îzerfân
silbern imellen/timellet
singen (Lieder machen) edj assâhar/edjegh assâhar/idjâ assâhar/djêgh assâhar
sitzen ghaim/ aqqaymegh/ yeqqîm/eqqîmegh
Sohn alyad/ilyaden (M); arraw/arrawen (AJ; DJ); barar/bararen (N); âña/âñaten (N/M)/
Sohn von ... agg
Sonne tefuk
Sonnenuntergang âlmez
Soße adaraz
Souvenir essûfenir
spalten arz/arzegh/ irzâ/arzêgh
Spanne (Maß) têrdas
Sparen (Geld machen) edj âzref/edjegh âzref/ idjâ âzref/djêgh âzref
Spiegel dîset/dîsetên
spielen -/ittelegh/-/ ittelegh
Sprache awal
sprechen sîwel/ sîwelegh/assîwel/ assîwelegh
springen egged/ eggedegh/-/eggedegh/ îtâgged
Stadt aghrem/ egharmân; akal/ikallen (A)
Stadtviertel âmas n aghrem/émasen n aghrem; âmas n akal/ émasen n akal (Dj)
ständig harkûk
stark essôhed/ tessôhed
stechen (Skorpion) eksh/ekshegh/ikshâ/ ikshêgh
stehlen âqar/-/ôqar/-/ îtîqer
Stein tekadêt/tîkedên; eblal/eblalen (H)
steinbedeckte Ebene tislêlit
stellen edj/edjegh/ idjâ/djêgh
sterben -/emmetegh/ ammut/ammutegh
Stern -/titratên; atri/ itrân (H)
Stift stîlo; âghanib/ îghenbân
Stil alkhâl
Stimme êmesli/îmeslân
Stoff (Tuch) êkershi/ îkérsheyen
stören sighef/seffegh/ asghef/asrefegh
Stößel (Mörser) izaghan/izaghnân
Strafe âéqeb/iêqiben; aghana
Strafen (Strafe zeigen) sekn aghana/seknegh aghana/-/isseknegh aghana/îsâkken aghana
Straße ezzegâg/ ezzegâgan
Streichholz têrzewut n elméit(Schwefel)/tîrzéwi-n n elméit
Stück arat; haret/ hareten (H)
Student ettalmîs/ talmîsen
Studentin tettalmîst/ tettalmîsen
Stunde essaghat/ essaghatén

stürzen -/sîdegh/ assôda/assôdegh/ issîdu
suchen idjmi/idjmiyegh/ -/-/idjmây; eter/-/eter/ -/îtâr
Süden âdjwi
Summe haret wa-n âzref
Superbenzin lêsañs wa yôlaghen
Suppe eshshôrba/ eshshôrbatén
süß azêt/tezêt; tezzêded
Syphilis amahar (H)

T

Tabak tâba/tâbiwîn
Tablette elqînet/ elqîneten; tarhá/ tarhiwên; tablet/ tiblâlîn (H)
Tag âshel/îshilân; ahel (H)
täglich harkûk
Tal ândji/îndjîn; -/ândjiten
talabwärts ataram
talaufwärts afella
Tankstelle édeg wa-n lê-sañs
Tante (mütterl.) ta-madrait n annânin/ timadrayen n annânin
Tante (väterl.) ta-madrait n abbânin/ timadrayen n abbânin
tanzen edlel/edlelegh/ -/idlelegh/îdâll
Tasche teshâgusht/ tishâgushén; eshshânta/ eshshântatén; essunduq/essunduqen
Tasse alkartâs
Taube tédébirt
tauschen semmeskel/-/ ismeskel/-/ îsâmmaskal
tausend adjim/idjimân
Taxi tâksi/tâksitén
Tee atai; ashâhi (H)
teilen ôzan/ôzanegh/ azûn/azûnegh
Telefon téléfon/ téléfônen
telefonieren -/-/îtelfen/ -/itâtelfân
Telegramm télégraf/ télégraftén
Teller têghert/têgherîn
teuer ezzowet/ tezzowet/essôhed (H)
teuer sein ighlâ/ aghlêgh/ighlû/-
Teufel iblis/iblisen
Tier arezzîdj/irezzîdjen
Tisch tâbla/tâblatên
Tochter tarrawt/ tarrawen; tâlyad/ tîlyadîn (M); tabarart (N); tamadrayt/ timadrayen(AJ)
Tod tâmettant
Toilette lâdush; lewésé; ténéré (H); edowalêt
Toilettenpapier âlkaden wi-n lewésé
töten iñgh/-/iñghâ/-
Touristen ettûrisen; kûfar (H)
Tradition elghâda/ elghâdaten
tragen adgel/-/adgel/-/ idâggal
träumen -/ehordjegh/ ahordj/ahordjegh/
traurig sein -/agnegh imân nit/-/ignêgh imân nit
treffen, sich -/immôqasegh/ ammoqast/ ammoqasegh; zemmezli/ zemmezleyegh/ -/amezléyegh
Treppe -/essillumen
trinken esu/iswegh/ iswâ/iswegh/îsâss
Trinkgeld asîwad (Dj); îkadiwen (Aj);tasîwat

trocknen -/âmsegh/ ômes/ômesegh; sîghar/sigharegh/ aqqôr/aqqoregh
Tuareg (Volk) kel tamâshaq; imoshar/imasheren; imohar/imaheren (H)
Tuareg-Dialekt tadaghaq (M); tahaggart (H); tayrt (N); tawellemmet (Südmali & Südniger)
Tuareggeige imzad/ imzâden; imzad/ âmzaden (H)
Tuareghosen êkerbéi/ îkarbéyen
Tuaregschleier tagelmûst/tîgelmûsîn
Tuareg-Sprache tamâshaq; tamahaq (H)
Tuberkulose (Lungen-) amenus (H)
Tuch (Stoff) êkershi/ îkérsheyen
Tür albâb/albâben; êmi/îmawen
Tüte alborsa/ albôrsaten; abalbôt/îbelbât

U

über fell
über etw. sein uf/-/yûf
übereinstimmen ardû/ ardêgh/erdâ/ardêgh
Übergewand f. Männer und Frauen tékamist/ tékumusîn
überlassen oyy/eyyegh/ ôyâ/oyyigh
übermorgen âshel în sel tîfaut; ahel în sel tûfat (H)
überqueren âki/ âkyegh/âki/âkigh
übersetzen sifesser/ sifesseregh/-/ afesseregh; tardjem/ tardjemegh/-/ tardjemegh
Übersetzer wa-n imedjdjared; wa-n awal
Uhr essaghat/ essaghatén
Umleitung abarîd wa îluwen
umsonst bannân
Umwelt azeñz (Aj); asheñz (M)
und (e)d
Unfall aksidañ; anmedjishin; asemeqqasen
ungültig wer iknâ
Universität eldjâmigha/ eldjâmighaten
unter daw
Unterhaltung tînfusên; tinaqqâs
Unterkunft édeg wa-n ténési; édeg wa-n tesûnfâd
Unterscheiden zemmezli/zemmezleyegh/-/ amezléyegh/îzâmazlal/
Untersuchen ummagh/ -/yemmagh/-/ îtâmmagh
Urin awâs; ahila wa-n aman (H)
Urlaub koñshé; elghutla; îshilân; tesûnfad

V

Vagina akédil (H)
Vater abba/abbaten
Verabredung temôqast/ imôqasen
verantwortlich hâkim
Verantwortlicher almesyûl; amenôkal (N/M)
verärgert (es gibt Ärger) ih(â)-ê alhamm
verbieten igdel/ igdelegh/îgdel/ îgdelegh/igdâl

Verbrechen djâfa/djâfaten

Verbrecher anesdjâfa/inesdjâfa; amasdaghwin/imasdaghwan

Verbrennung ughud (H)

vereinigen -/edôgelegh/adôggel/adôggelegh

vergessen /etto/ettowegh/-/-/îtâwu

Vergnügen tédéwît

vergrößern sessidjer/sissidjregh/-/esissidjregh

verheiratet sein ezlef/ezlefegh/-/izlâfegh; edj éhen/edjegh éhen/idjâ éhen/djêgh éhen *(Zelt machen)*; -/eddîwegh

verhindern igdel/igdelegh/îgdel/îgdelegh/îgdâl

verirren, sich ekhrek/akhrekegh/-/akhrekegh

verkaufen isheñsha/sheñshegh/isheñsha/sheñshegh/înâzz

Verkäufer wa hî isheñshîn

verlängern sessidjer/sissidjregh/-/esissidjregh

verlassen oyy/eyyegh/ôyâ/oyyigh

verlassen, sich auf waqqala/-/îweqqel/-/îtâweqqâl

verletzt sein -/asnindefegh/-/asînendafegh

Vermögen azref; telâ; el-mâl

verringern ifnez/efnezegh/ifnez/efnezegh

verrückt abôdel/tabôdel; ibzâg/tibzâg (H)

versammeln dukkel/edokkelegh/adôkkal/adôkkalegh

verschwinden iffer/ifferegh/îffer/ifferegh/îtâffer

Versicherung ôkozt/ôkozin

verspäten,sich ahôdja/ahâdjegh/ahôdja/ahôdjegh

verspätet ohodja hîn/tohôdja hîn

Verspätung tehâdjid/tihûdjad

versprechen êhad/ahdegh/-/ahadegh

verstecken iffer/ifferegh/îffer/ifferegh

verstehen ifhâm/efhâmegh/-/efhemegh

versuchen arm/-/-/-/ârem

verteilen ôzan/ôzanegh/azûn/azûnegh/îtûzân

vervollständigen semdu/-/semdu/-/îsâmdá

verweigern igdel/igdelegh/îgdel/îgdelegh

verzeihen ansh/anshegh/-/inshîgh; surf/-/-/esôrafegh

Verzeihung têneshi

verzieren -/sîheskôgh/-/ehôskêgh

viel hullan; iyadjên/tîyadjêt

vier okkoz

Viper tâshshelt

Visa elvîsa

Visaverlängerung éhaké elvîsa/ihakénîn elvîsa

Vogel égedêd/îgedâd

Volk tômast/tômasîn; tâkhleqt/tîkhlekên

Volksgruppe kel; tawsit/tiwsâtên; tômast

voll etkâr (Dj); ednây/tednây (H)

Vollmond éwor

vor dat

vorgestern âshel în sel end ashel; ahel în sel end ahel (H)
vorher izzar
Vormittag alwaq dâr et tarahut
Vorname isem
Vorsicht! uksad!
Vorwahlnummer assêyar wa-n eltéléfon

W

wach ôkay/tôkay
wachsen -/-/Îdwel/-/ îdâwwel
Wadi éghashar/ ighishrân (M); éghahar/ighâhrân (H); ândji
Wald tafarawt/tîferwîn
wann? emmi?
Ware kaya/kayaten; essilgha/essilghaten
warm allôñzeiet
warten zeyder/-/ yezeyder/-/
warum? ma fell?
was? ma?
waschen /-/sirdegh/-/ sirdegh
Wasser âman (Mz)
Wasser, fließendes âman ôzâlnin
Wasser, warmes âman allôñzeietnîn; âman ekkûsnîn
Wasserloch abankor
Wassermelone eddela
Wasserschlauch (kl) tanwart/tînwarên
Wasserschlauch (Ziegenleder)abeyôgh/ îbyâgh
Wechselgeld esserf
wechseln (Geld) isref/ esrefegh/-/isrefegh/ îsarref
wechseln (Kleidung) semmeskel/semmeskelegh/ismeskel/asmeskelegh/îsâmmaskal
Weg abarîd/îbardên; târrait/târraiyén (N); abarraqa (H)
wegnehmen ekkes/-/ yekkey/-
Weide ashekshu; amekshi (H)
weiden aden/-/edan/-/ îdân
weil fell innin
Wein alkhamr
Weintrauben azzabîb
weiß imellen/timellet
weit yûdjedj/tûdjedj
welcher wa
welcher hier wadegh; wagh (H)
wenden meleli/ timlelleyegh/-/ amlelleyegh/îtîmllil
wenig îmeceqqen/ tîmeceqqet
wenn kund; âs; kud
wer? mi?
werden omâs/ omâsegh/môs/ amôsegh/îtumâs
Werkstatt elgarâdj
Westen imeynedj
Wetter alkhâl
wie? schund?; hund? (H)
wie? indêk (awa s)?; manéwên?
wie viel? manekêt?
wiederholen laght/-/-/-
Wind âdu/âduten
Winter esemêd; tâdjrest
wir (m) nékanid
wir (w) nékkanétid
Wirbelsäule khanina (H)
wissen essen/ issenegh/-/-/issân
wo? indêk (e)t?; minêt? (H); mani-d? (H)
woher? (m)indê-s-ed?
wohin? (m)indê-s?
Wohnung éhen/îhanân
wollen erh/erhegh/ irhâ/arhêgh
Wort taffért/tiffér
Wörterbuch asagalalaf (M)

Wunde âsenentef/ îsenentîfen; abwis/ ibwîsen (H)
Würstchen mergez
Wüste essahrâ/ténéré

Z

Zahnarzt addabîb wa-n (î)ssînen
Zähne îssînen
Zahnpasta (Mundseife) essabo wa-n am
Zehe -/tênsawén
zehn meraw
zeigen sekn/seknegh/-/ isseknegh
Zeit alwaq
Zeitung aldjornal/ aldjornalen
Zelt éhen/îhanân; êkaber/tîkebrîn; tâfalla/tîfalliwîn
(M)**Zentrum (d. Stadt)** âmas n âghrem; djîré djîré n âghrem
zerbrechen arz/arzegh/ irzâ/arzêgh
zermahlen ezd/-/azed/ -/îtezzâd
zerstören eghshed/ ighshedegh/aghshed/aghshedegh/îghâshsh
Zeuge etdjîha/ tédjûhawên; -/eshshuhûd
Ziege tâghat/ulli
Ziegenkäse tjikammarên
ziehen irkibâ/irkebegh/ érkeb/erkebegh/ râkkeb
Zigarette addakhkhân
Zimmer taghashamt/ tigheshmîn; taghahamt/ tighehmîn (H)
Zitronen elqâres
Zoll lâdiwân; elkhukûm
zu s(e)
zu Ende sein -/emmendegh/ ímmenda/ammendegh
zufrieden addîwed/ taddîwed
zufrieden sein ardû/ ardêgh/erdâ/ardêgh
zuhören esl/eslegh/ esel/eslîgh/aslâss
Zunge êlis
zurückkehren ekkel/ ekkelegh/- /ekkelegh/yekkâl
zustimmen ardû/ ardêgh/erdâ/ardêgh
zwei essîn
Zwiebel teflêlit/tiflêlitén
zwischen djir

Der Autor

Frank Donath wurde 1972 in Halle geboren. Nach seinem Schulabschluss erlernte er den Beruf eines Forstarbeiters. Anschließend arbeitete er in einer Fahrrad-Kulturwerkstatt. Reisen haben ihn schon immer fasziniert, und während eines ersten, längeren Aufenthaltes im Nahen Osten entdeckte er seine Liebe für diese Region. Es folgte eine Saharadurchquerung mit dem Fahrrad, an die sich ein einjähriger Afrikaaufenthalt anschloss. Dabei durchreiste er zahlreiche Länder Nord-, Ost- und Zentralafrikas. Nach seiner Rückkehr begann er an der Universität in Halle/Saale Arabistik und Islamwissenschaft zu studieren. Er lernte Arabisch, Türkisch und Kiswahili. In dieser Zeit bereiste er auf ausgedehnten Touren ungezählte afrikanische und islamische Länder. Gleichzeitig begann er, als freier Reiseleiter für Saharaexpeditionen zu arbeiten, wo er in intensiven Kontakt zu den Tuareg der Zentralsahara und der nördlichen Sahelzone trat. Er bereiste für mehrere Wochen im Jahr das Gebiet der Tuareg sowohl im Niger als auch in Algerien.